Энецкие сказки

예네츠인 이야기

<지식을만드는지식 소설선집>은
인류의 유산으로 남을 만한 작품만을 선정합니다.
오랜 시간 그 작품을 연구한 전문가가
정확한 번역, 전문적인 해설, 풍부한 작가 소개, 친절한 주석을
제공하는 고급 소설 선집입니다.

지식을만드는지식 소설선집

시베리아 설화집

Энецкие сказки

예네츠인 이야기

작자 미상

박미령 옮김

대한민국, 서울, 지식을만드는지식, 2017

편집자 일러두기

- 이 책은 ≪타이미르 민족의 민속: 예네츠 민속(Фольклор народов Таймыра: Энецкий фольклор)≫(Дудинка, 1992)과 ≪예네츠의 신화적 민담과 역사 전설(Мифологические сказки и исторические предания Энцев)≫(Наука, 1961)을 원전으로 삼아 옮긴이가 가려 뽑아 번역했습니다.
- 주석은 모두 옮긴이가 단 것입니다.
- 외래어 표기는 현행 한글어문규정의 외래어표기법을 따랐습니다.
- 대괄호에 싸인 말은 원작 설화집 구연자의 것이다.

차 례

예네츠인 이야기

세 샤먼

세 명의 부유한 순록 사육자 집에 세 명의 샤먼이 살고 있었다. 이들은 어느 유목 캠프에 살고 있었는데 힘들게 지냈다. 순록을 모두 먹어 치워 샤먼들에게는 남은 순록이 없었다. 세 명의 순록 사육자는 유목을 떠나기로 하고 샤먼들에게 말했다.

"계세요, 당신들은 우리에게는 필요 없어요. 우리는 어떻게든 스스로 먹고살 겁니다."

제일 연장자인 샤먼이 듣고 말했다.

"떠나게 해. 우리도 그들이 왜 필요하겠어."

세 순록 사육자는 썰매를 끌고 떠났다.

샤먼들에게는 아들 둘이 있었다. 제일 연장자인 샤먼이 아들에게 말했다.

"메추라기를 찾으러 가거라."

아들은 걸어서 메추라기를 발견하긴 했지만 아무것도 얻지 못했다. 야생 순록들을 발견했지만 그들은 마치 개 같았다. 사냥에서 그 어떤 수확도 없었다.

"상황이 안 좋아. 우리는 어떻게 살지?" 제일 연장자인 샤먼이 말했다.

그때 손아래 샤먼이 아들에게 말했다.

"너도 가서 뭐라도 구해 와. 야생 순록을 찾아 와. 아무것도 먹을 게 없으면 우린 죽을 거야."

아들은 사냥을 떠나서 야생 순록을 발견했다. 그러나 그들은 마치 개 같아서 아무것도 얻을 수가 없었다. 불행한 일이야. 그는 집으로 돌아와서 말했다.

"사냥에서 무슨 일이 있었던 거야. 전에 사냥은 성공적이었잖아."

연장자인 샤먼이 듣고 말했다.

"이제 잠자러 가. 어쨌든 먹을 것이 아무것도 없잖아. 자는 수밖에."

밤에 손아래 샤먼이 말했다.

"너도 봐, 꿈에 뭔가를 보게 될 거야."

다음 날 그들은 일어났다. 일어나서 연장자인 샤먼이 동료들에게 말했다.

"꿈에서 뭘 보았어?"

"난 아무것도 보지 못했는데. 그 어떤 꿈도 꾸지 않았거든."

연장자인 샤먼이 말했다.

"어떻게 그럴 수 있지? 나의 샤먼 도구와 의복을 가져와 굿을 해야겠어."

그는 굿을 했지만 발견한 것을 말하지 않았다.

"됐어. 다시 자 봐."

아침에 연장자인 샤먼이 아내에게 말했다.

"대접을 들고 눈 밑을 파, 아마 뭔가가 나올 거야."

아내는 천막집에서 나와 눈을 파기 시작했다. 세 마리의 생선, 곧 대구 세 마리가 나왔다. 아내는 대접에 담아 천막집으로 들고 와서 말했다.

"생선을 찾았어요. 생선은 아직 얼지 않았고 살아 있는 것처럼 팔팔해요."

천막집 거주자들은 생선을 먹고 잠자리에 들었다. 자려고 누우면서 연장자인 샤먼이 손아래 샤먼에게 말했다.

"왜 너는 아무것도 보지 못하지? 왜 쉬면서 꿈에 아무것도 발견하지 못하는 거야?"

"어떻게 찾지 못한다는 거예요? 저도 꿈을 꿔요."

아침에 그들은 일어났고 손아래 샤먼이 아내에게 말했다.

"대접을 들고 밖으로 가. 당신은 문 옆의 눈이랑 밑을 파, 핏방울을 보게 될 거야. 또 파."

아내는 파러 갔다. 피를 보고 나서 더 깊이 파기 시작했다. 그녀는 아직 온기가 남아 있는 야생 순록의 넓적다리를 발견했다. 얼지 않은 고기를 대접에 받쳐 천막집으로 들고 들어갔다. 거주자들은 수프와 함께 모든 고기를 먹어 치웠다. 그들은 잠자리에 들었다.

아침에 연장자인 샤먼이 동료에게 말했다.

"꿈에서 뭘 보았어?"

"아무것도 보지 못했어요. 뭘 봤어요?"

"난 뭔가를 봤지. 문 방향으로 관목이 많이 자라고 물이 많은 초원이 있어. 꿈에 초원을 따라 메추라기들이, 털이 빠진 메추라기들이 걸어 다니는 것을 보았어."

아들이 물었다.

"지금도 걸어 다녀요?"

"그래, 지금도 걸어 다녀. 아마 걷기 시작한 것 같아. 주의 깊게 봐, 뭔가를 볼 수 있을 거야."

관목이 우거진 초원은 날씨가 좋았다. 아들은 밖에서 보았다. 정말 거기에는 메추라기들이 있었다. 그는 펄쩍 뛰며 그리로 갔다. 메추라기들은 털이 빠진 것 같았다. 왜 날아가려 하지 않지? 그는 털이 빠진 메추라기를 전부 잡아서 집으로 갔다.

"아버지, 말이 맞았어요. 전 털이 빠진 메추라기들을 발견했어요. 그것들을 모두 잡았어요. 메추라기는 날개가 없어서 떨어졌어요."

아버지가 말했다.

"아마 그럴 거야."

저녁이 와서 다시 잠자리에 들었다. 아침에 연장자인 샤먼이 손아래 샤먼에게 말했다.

"꿈에 무엇을 보았니? 넌 대체로 아무것도 보려 하지 않는구나. 찾은 것 있어?"

"지금 저기에 야생 순록이 걸어가고 있어요. 그 순록은 우리 천막집 쪽으로 걸어오고 있어요. 지금 막 이리로 오고 있어요. 전 그걸 봤어요."

손아래 샤먼이 아들에게 말했다.

"가 봐, 순록이 오는 중이야."

아들이 보았다. 좋은 날씨였다. 정말 야생 순록이 이리로 걸어오고 있는 것이다.

"제가 어떻게 하면 좋을까요? 야생 순록이 정말 오고 있어요."

아버지는 그에게 활과 화살 두 대를 주었다.

"겨냥해서 순록을 쏘아. 네가 숨어 있으면 순록은 제 발로 너에게 다가갈 것이다."

말한 대로 아들은 걸어오는 순록 앞에 숨었다. 야생 순록은 그에게 바로 다가왔다. 그때 그는 순록을 쏘아서 죽였다. 죽은 순록이 어디로 가겠어? 그는 순록의 껍질을 벗겨 집으로 들고 가서 말했다.

"제가 야생 순록을 구해 왔어요."

순록을 먹고 나서 저녁에 그들은 잠자리에 들었다. 그들이 아침에 일어나자 연장자인 샤먼이 평소처럼 손아래 샤먼에게 물었다.

"다시 뭘 봤어?"

"지금 전 아무것도 보지 못했어요. 뭘 봤어요?"

"난 뭔가를 발견했어. 문 방향으로 언덕이 보여. 그 위에 열 마리, 또는 그 이상의 방목 중인 사육 순록들이 보여."

연장자인 샤먼이 아들에게 말했다.

"그건 사실이다. 언덕으로 가서 보거라."

말한 대로 아들이 언덕으로 갔다. 정말 언덕 꼭대기에 대략 20～30마리의 순록이 방목되어 있었다. 그는 이 순록들을 천막집으로 몰고 갔다. 집으로 와서 아버지에게 말했다.

"제가 순록들을 여기로 몰고 왔어요. 임자가 없는 순록들이에요."

연장자인 샤먼이 말했다.

"순록들을 돌보아 키워라. 앞으로 난 오래 살지 못할 거야. 난 늙었거든, 언젠가는 죽을 거야."

일곱 아가씨

언젠가 나의 아버지가 로도세다 씨족에 대해 이야기해 주었다.

호수의 기슭에 로도세다 사람 다섯이 살았다. 그들에게는 일곱 아가씨가 있었다.

어느 날 날씨가 매우 더웠다. 모기들이 물어서 잠을 잘 수 없었다. 일곱 아가씨는 호수로 걸어갔다. 호수까지 이르자 천막집에서 호수가 보이지 않았다. 아가씨들은 말했다.

"이제 그 누구도 우리를 볼 수 없어."

그때 그들은 모피 옷을 벗고 호수로 들어갔다.

그러나 얼마 후 아밤 느가나산 사람 톱테오가 나타났다. 아마도 그는 강을 따라 호수로 나왔던 것 같다. 톱테오는 호수 기슭에 서서 일곱 아가씨를 보았다. 그는 그들의 옷을 모아서 깔고 앉았다. 이때 아가씨들은 호수에 있었다. 가장 나이가 많은 아가씨가 말했다.

"네가 원하는 게 뭐야? 왜 우리의 모피 옷을 깔고 앉아 있지? 만약 뭔가를 원한다면 가져. 네가 저기 멀리 가면 옷을 입을 거야."

이 청년이 말했다.

"나는 가지 않을 거야."

그렇게 그는 하루 종일 있었다. 가장 나이가 많은 아가씨가 다시 말했다.

"원하는 게 뭐야? 만약 원하는 게 있다면 우리에게로 와. 하룻밤은 우리 집에 오고, 다음 날 밤에는 다른 집으로 가."

그러나 아가씨들은 그것을 원치 않았다.

늦어졌다. 아가씨들은 얼기 시작했다. 가장 나이 많은 아가씨가 말했다.

"우리는 물 밖으로 나가야 해."

아가씨들은 물 밖으로 나오기 시작했다. 느가나산인 톱테오는 계속 옷을 깔고 앉아서 보았다. 그때 그들은 그에게로 다가갔다. 가장 나이가 많은 아가씨가 말했다.

"머리를 잡아. 거꾸러뜨려. 꽉 잡아."

아가씨들은 그렇게 했다. 이때 가장 나이가 많은 아가씨가 누워 있는 느가나산인 주위를 걸었다. 그런 다음 그를 넘어 걸어갔다. 그리고 그를 놓아주었다.

느가나산인 톱테오는 집으로 돌아갔다. 그는 또 한 번 겨울을 보냈다고 말들 한다. 음식을 먹어도 말라 가기 시작했다. 그는 그렇게 죽었다.

타이멘[1]

우리 형은 낚시를 했다. 여러 종류의 물고기를 만났다. 창꼬치, 시베리아 백연어, 청어 등을 만났다. 예니세이 강의 얼음은 이미 풀렸다. 지금은 낚시하기 아주 좋다. 우리 형은 배를 타고 다녔다.

난 썰매를 타고 있었는데 거기서 화살을 보았다. 화살 중 몇 개는 이미 쓸모가 없었다. 나는 녹이 난 화살을 깨끗하게 씻었다. 얼마 지나서 형을 보았다. 그는 일에 여념이 없는 듯했다.

얼마 후 나는 다시 강 저쪽을 보았다. 뭔가가 형 쪽으로 헤엄치고 있었다. 아마도 어떤 커다란 물고기가 헤엄치는 것 같았다. 물고기는 빨리 헤엄쳐서 나의 형에게 이르렀다. 나는 그 광경을 보면서 소리쳤다.

"형, 조심해. 놀라서 엎어지면 안 돼. 뭔가가 형 쪽으로

---

1) 거대한 연어과 물고기. 시베리아와 극동의 강과 호수에 널리 퍼져 있다. 길이가 1.5미터에 달하고 무게가 60킬로그램이다. 작은 물고기만 먹는 것이 아니라 거위나 오리와 같은 동물들도 잡아먹는 것으로 알려져 있다.

헤엄쳐 오고 있어."

내가 소리쳐도 형은 듣지 못했다. 그는 돌아보려 했고 물 속에서 커다란 물고기의 머리가 보였다. 아마도 그건 타이멘인 듯했다. 물고기가 형의 머리를 잡을 때 형은 뭔가를 할 시간이 없었다. 형은 소리쳤다.

"동생아, 나를 구해 줘."

물고기는 이미 형의 반을 집어삼켰다. 나는 화살 하나를 물고기를 향해 쏘았다. 화살은 물고기를 관통했다. 나는 기슭으로 다가가 망을 잡으려고 손을 뻗었다. 나는 형수에게 소리쳤다.

"형수, 칼을 가져오세요. 남편이 죽는 것을 보고 싶지 않으면 서둘러요."

그녀는 칼을 가지고 다가왔다. 그리고 울고 소리치기 시작했다. 그녀는 칼로 물고기를 찔렀다.

나는 말했다.

"내가 형과 함께 낚시를 했다면 이런 불행은 없었을 텐데. 우리가 같이 있었다면 벌써 물고기를 쏘았을 텐데."

우리는 형을 물고기 안에서 꺼냈다. 그는 아직 살아서 숨을 쉬는 듯했다. 물고기는 형을 조각조각 씹었고 구겨 놓았다.

아내는 남편을 씻기고 피를 깨끗이 했다.

나는 이렇게 말했다.

"형을 치료하려면 악마를 데리고 오는 것이 좋을 거예요."

노인

어느 노인이 사냥을 떠났다. 사리하 강을 따라 아래로 내려가서 거의 카하 소조 곶까지 이르렀다. 노인은 걷다가 피곤해져 멈췄다.

그는 그 앞에 크지 않은 호수를 보았다. 그는 전에도 이곳에 와 본 적이 있었지만 호수는 보지 못했다. 바로 지금 노인은 서서 호수 쪽을 보고 있다. 그런데 기슭에 사람이 서 있는 것 같았다. 노인은 생각했다. '어떤 사람이 저기 서 있지? 난 여기서 사람들을 본 적이 없었는데. 가서 봐야겠다.'

노인은 앞으로 걸어가다가 멈춰서 활을 준비했다. 호수의 기슭에 곰이 있는 듯했다.

곰은 두 발로 서서 노인 쪽으로 달려들었다. 그러나 노인은 화살을 쏘지 않고 간청했다.

"왜 나를 죽이려고 하느냐?"

곰은 어쨌든 노인에게로 왔다. 다가와 발로 그를 때렸다. 노인은 땅에 쓰러졌다. 곰은 노인을 눌렀지만 물고 할퀴지 않았다.

노인은 정신이 돌아왔다. 그는 칼을 꺼내 창자가 나올 정도로 곰의 배를 찔렀다. 곰은 저쪽으로 달려갔고 노인은 화살을 쏘아 그를 죽였다.

노파의 아들

댜라다 산맥 서쪽 경사에는 언젠가 천막집 하나가 서 있었다고들 말한다. 거기에 한 노파가 아들을 데리고 살았다. 아들은 이미 장성해서 순록을 방목하고 장작을 팼다. 노파의 아들은 이미 거의 천막의 주인이었다.

어느 날 노파는 아들과 함께 순록을 잡아서 유목을 떠나기 시작했다. 노파는 썰매 앞에 타고 아들은 뒤에 탔다. 그들은 빨리 달려 저녁에 예니세이 기슭에 도착했다. 둘이서 천막집을 세웠다. 노파는 불을 지폈고 아들은 밖에 있었다.

얼마 지난 후 노파가 말했다.

"내가 불을 피우니 불꽃이 계속 내 쪽으로 날아오는구나. 아마도 뭔가 안 좋은 일이 생길 것 같아. 너는 기르는 순록 두 마리를 잡아서 짐 썰매에 묶어. 만약 늑대가 우리 무리를 쫓아오면 네가 이 순록을 타고 가거라."

청년은 순록 두 마리를 잡아 썰매에 맸다. 그런 다음 천막집 안으로 들어가 식탁에 앉았다.

식사를 하는 동안 노파는 계속 말했다.

"내가 음식을 준비할 때 불꽃이 계속 내 쪽으로 날아왔단다. 그런 불은 나쁜 징조지."

노파의 아들은 다 먹고 밖으로 나갔다. 밤은 어둡고 달이 없었다. 그러나 순록들을 지켜야 했다. 청년은 순록들을 좀 더 천막집 가까이에 모았다. 늑대들이 무서워서다. 순록들은 얌전히 천막집에서 멀지 않은 곳에서 풀을 뜯고 있었다. 그러나 몇몇 순록이 멀리 갔다.

댜라다 산맥 너머에서 달이 보였다. 좀 더 밝아졌다. 노파의 아들은 썰매에 타고 생각했다. '아마 밤새 순록들이 풀을 잘 뜯겠구나.' 모르는 사이 잠이 들었다.

깨어 보니 아침 햇살이 보였다. 청년은 무리를 둘러보았다. 두 마리의 순록이 보이지 않는 듯했다.

별의 신화

나는 이 이야기를 고르라시킨 베호쿠, 샤리(그리고리 고르라시킨)의 아버지에게서 들었다. 고르라시킨 베호쿠는 소이트족 가운데 유일하게 남은 사람이다. 베호쿠는 나의 누이와 결혼했고 그리고리 고르라시킨은 그녀의 아들이다.

포타폽스키 아래에 추모보이 악마라는 개천이 있다. 이 개천은 보론초프에 있는데 기슭은 벽처럼 가파르다. 거기에 커다란 언덕이 있고 숲 가운데 시고보예 호수가 있다. 이 개천은 이 호수에서 예니세이 강으로 흘렀다. 이 호수의 기슭은 벽처럼 가파른 절벽이다. 물은 기슭을 휘돌아 가고 봄에 호수에서 나온다.

여기 하류에 언젠가 사람들이 살았다. 천막집이 개천의 상류 쪽에 많이 있었다. 하류 쪽은 비어 있었다. 시고보예 호수와 이 개천은 예니세이 오른쪽 기슭에 있다. 호수는 썰매가 하루 종일 지나다니는 그런 곳이다. 봄에 개천은 통나무 집 안에서도 들릴 정도로 굉음을 내며 흘렀다.

전설은 이 천막집에서 많은 사람들이 살았다고 말한다. 이제 천막집을 지탱하던 막대기들이 떨어졌고 천막집의 덮개는 다 닳아 버렸다. 한 노파는 이 모든 것을 보고 알고 있다. 때때로 그녀는 밖으로 나와서 이 천막집, 망가진 썰매 사이를 돌아다닌다.

"이봐, 여기에 언젠가 사람들이 있었어. 지금은 불행히도 신이 나를 괴롭히는군. 내가 얼마나 살지 모르겠어. 먹을 것을 찾을 수 없을 거야. 썰매들은 전부 텅 비었어. 모두 다 닳았어. 이 천막집들에 살던 사람들은 몇 년 동안 천연두를 앓다가 죽었고 나만 혼자 괴로워하고 있지."

그녀의 작은 천막집은 가장 끝에 있다. 지금 그녀는 자신의 천막집으로 가고 있다. 천막집은 셀 수 없을 정도로 많았다. 그러나 모두 쓰러지고 그녀 혼자 남았다. 그녀에게는 아들도, 개도, 아무것도 없다. 천막집에 도착해서 불을 지폈다.

"불이라도 때야지. 야생 나무딸기를 따러 가기에는 어둡군. 내일까지 죽지 않는다면 가서 실컷 먹고 싶다."

노파는 잠자리에 들어서 몸을 데웠다. 아침에 일어나 작은 솥을 들고 야생 나무딸기를 따러 갔다. 노파는 너무 나이가 들어서 이도 전혀 없었다. 노파는 이 개천 왼편을 따라 위쪽으로 갔다. 습지가 많은 초원을 찾을 수 없었다. 야생 나무딸기는 습지가 많은 초원에 있었다. 그쪽에는 숲이 울창했다.

습지가 많은 초원을 따라 걸어가며 야생 나무딸기가 자

라는 장소를 찾고 있었다. 한참 걷다 보니 어두워졌다.

"이런 안 되겠군. 돌아갈 수 없게 되었네."

그러나 9월이었다. 노파는 습지가 많은 초원 가운데까지 이르렀다. 야생 나무딸기는 없었다. 노파는 습지가 많은 초원 가운데를 돌고 또 돌았다. 그러다 주변에 물이 말라 있는 언덕을 발견했다.

"이 언덕에서 쉬자. 집으로 갈 수 없어. 갈 수 있다 해도 어쨌든 거기도 먹을 건 없으니까. 밖에 있어도, 천막집 안에 있어도 마찬가지야."

이제 노파는 언덕 위에서 옆으로 누워 눈을 찌푸렸다. 뭔가가 뺨 근처에서 반짝거렸다. 노파가 손으로 잡으니 손안으로 어떤 부드러운 것이 들어왔다. 그렇게 어둡지 않아서 보니 쥐였다. 쥐는 앙상했고 꼬리는 길었다. 노파는 쥐를 손으로 눌러 죽여서 먹기 시작했다. 고기, 심장도 좋아질 거야. 노파는 모두 먹어 치웠다. 심지어 뼈도 남기지 않았다. 그런 다음 다시 눈을 꼭 감았다. 잠이 들었다. 다시 일어났다. 어딘가에서 토끼가 울고 있었다.

"뱌, 뱌."

이런 소리가 들렸다. 노파는 머리를 들었다. 얼굴 맞은 편 어딘가에서 들렸다. 어떤 짐승이지? 만약 토끼라면 왜 보이지 않는 거지? 아니면 어린아이일까? 토끼일까? 어쨌든 잠을 잘 수 없게 울부짖었다. 처음에 이런 소리는 없었는데 한밤중부터 시작된 것 같았다. 어쨌든 노파는 잘 수 없었다. 어딘가 멀지 않은 곳에서 들렸다. 토끼일까? 아니면 다른 무엇인가? 노파는 일어섰다.

"울고 있는 곳으로 가 봐야겠다."

걷다 보니 다리가 피곤했고 숲이 가까워졌다. 앞에는 풀로 뒤덮인 언덕이 있었다. 풀이 뽑혀 있고 볏가리처럼 놓여 있었다. 풀로 다가갔다. 그런데 여기서 소리가 들렸다. 풀이다. 누군가가 풀을 밟은 듯했다. 풀은 어딘가에서 잘라져 버렸다. 풀의 일부가 덩어리가 되어 놓여 있었다. 여기 풀 밑이군. 노파는 귀를 기울였다. 노파는 풀을 들췄다.

"이게 뭐야. 아이잖아."

아주 작은 남자아이였다. 대략 두 달 된 것처럼 보였고 배꼽은 이미 자랐고 손을 움직였다. 노파는 아이를 안고 뽀뽀를 했다.

"아이고, 불쌍한 것, 너를 누가 버린 거야? 너의 엄마는 어디 계시니?"

아이는 아무 말도 않고 울기만 했다. 노파는 풀을 뜯어 아이를 감싸고 흔들었다.

"야생 나무딸기보다 천막집에 이 아이를 데리고 가야겠다."

노파는 아이를 안고 천막집으로 갔다. 넘어지고 걷고 했다. 걸어가면서 뽀뽀를 하고 흔들어 주었다.

"운이 좋았어. 배고파서 쓰러지니 아들을 얻었군. 이 아이는 나중에 나에게 메추라기를 잡아 주고 물고기도 잡아 줄 거야."

노파는 어딘가에서 요람을 얻어 거기에 아이를 뉘었다. 요람은 낡았고 어떤 죽은 아이의 것이었을 테지만 괜찮았다.

"이 아이를 내가 키워야지."

노파는 아침에 일어나서 아이의 포대기를 풀었다. 아이는 마치 어제보다 몸집도 크고 키도 더 커진 것 같았다. 매일 그랬다. 아이는 빨리 걷고 뛰어다녔다. 노파가 아이를 발견한 그때부터 아이는 아무것도 먹지 않았다. 노파도 쥐만 먹었고 더 이상 아무것도 먹지 않았다.

그러나 매일 아침 불은 피웠다. 작은 천막집이었다. 일어서면 머리가 막대기에 닿았다. 천막집들의 덮개는 많았지만 죽은 자의 것을 가지고 싶지 않았다. 이제 아이는 말하기 시작했다.

"엄마, 먹을 것을 줘."

"아들아, 내가 어디서 먹을 것을 가지고 오겠어. 내가 너에게 말하니, 아들아, 나에게 먹을 것을 다오."

"엄마, 내가 어디서 먹을 걸 찾아요? 나에게 아버지도 없는데? 엄마는 있잖아요. 아버지는 왜 없어요?"

"아버지를 어디서 찾아와? 너는 아버지가 없었어. 아들아, 너에게 이름을 지어 주겠다. 이름이 없으면 어떻게 다니겠니? 내가 이름을 지어 줄게. 너의 이름은 느구오쿠(풀), 아니면 시디 나도 됴데오(두 이끼 사이), 왜냐하면 너는 풀 속에서 태어났기 때문이야."

노파는 이제 그를 그렇게 불렀다. 아이는 밖에서 걸어 다니며 말도 잘했다.

"엄마, 왜 나를 느구오쿠라고 불러요? 아버지가 없는데 제가 어떻게 태어났어요? 그런데 제가 누군가의 아들이라면 저는 당신의 아들이에요. 엄마가 말했듯이 아버지가 없는데 누가 나의 아버지죠?"

"나중에 아버지 없이 어떻게 태어났는지 알게 되겠지. 아버지는 어디로 사라진 거지? 아버지를 차차 찾아보거라, 서두르지 말고."

노파는 밖으로 나갔다. 어머, 눈이네, 온 세상이 하얗다. 메추라기는 사방에서, 천막집 주위를 뛰어다녔다.

"아들아, 메추라기를 잡지 않겠니? 내가 너에게 작은 활과 화살을 만들어 줄게."

"엄마, 활과 화살을 빨리 만들어 주세요. 제가 메추라기

한 마리를 잡을 수 있을 것 같아요. 배가 고프시죠. 저는 먹고 싶지 않아요. 아무것도 먹지 않을 거예요. 배가 부른 것 같아요."

엄마는 아들에게 버드나무로 활을, 막대기로 화살을 만들어 주었다.

"해가 있을 때 가, 그렇지 않으면 밤이 될 거야. 멀리 가지 마, 여기는 안 좋아, 풀처럼 죽은 사람들이 너의 기분을 망칠 거야. 죽은 사람이 너를 잡아 갈 수도 있고."

사내아이는 활을 들고 갔다. 천막집에서 멀지 않은 곳에서 메추라기를 쏘았다. 사내아이는 천막집으로 달려갔다. 하늘을 보니 별이 있었다. 하늘 전체에 별이 흩어져 있었다. 아이는 천막집으로 돌아가면서 하늘을 계속 보았다.

"하늘 가운데 한 남자가 가고 있어. 스키를 타고 가고 있는 것이 보여. 저 남자는 하늘을 어떻게 걸어가지?"

그때 사내아이는 멈췄다. 아이는 메추라기를 어머니에게 가져다주었지만 누가 그를 묶는 것처럼 멈췄다.

"남자가 오고 있어. 계속 아래, 아래로 내려오면서 곧장 내 앞으로 눈 위로 걸어오고 있어. 저 남자의 스키 끝이 내 발 가까이에 있어. 다섯 발자국 정도 떨어져 있어. 그의 스키는 아주 길어. 저 사람은 깨끗해서 입은 옷이 말끔해, 늘어지는 것 하나 없이 정확하게 벨트를 했어. 신발은 가죽 신발이고 두꺼운 겨울옷은 그림처럼 깨끗해. 빛이 나. 이건 모피거나 다른 어떤 것일 테지. 이 사람은 눈을 뜨고 나를 보고 있어. 난 마치 그의 눈에 취하는 듯해. 난 손을 내려 그의 눈에 멈췄어. 내 내면은 떨고 있어. 한 손에 메추라기를 쥐고 다른 한 손에 작은 활이 있어."

그렇게 서로를 바라보았다. 아이는 말했다.

"형, 아니면 아버지, 아니면 삼촌, 저를 보내 주세요. 엄마가 배고파서 죽어 가고 있어요."

"아이야, 넌 어디서 왔니? 내가 너를 보니 용감하고 솜씨가 뛰어난 면이 있구나. 어디서 왔니? 이름이 뭐니? 나는 너를 알아보았다. 땅 위를 걸어 다니는 사람들, 그들은 시선이 달라. 너는 깨끗한 시선을 가진 사람이구나."

"저를 보내 주세요. 저는 이름도 아버지도 없어요. 저의 이름은 어머니가 느구오쿠라고 지어 주셨어요."

"좋아, 느구오쿠, 또 뭐야?"

"저는 시디 나도 됴데오예요."

"만약 그렇다면 솔직하게 말할게. 넌 평범한 사람이 아냐. 그 때문에 넌 그렇게 영리해 보였구나. 네가 어떻게 태어났는지 들었고 보았단다. 위에서 말이야. 하늘을 보았니? 느가 니오(하늘의 아들)는 땅 위, 여기서 숲 저 너머 습지가 많은 초원에 내려왔어. 내가 그때도 하늘을 걷고 있다가 보았어. 댜 카티(대지의 딸)가 그에게로 갔지. 대지의 딸과 함께 그는 누웠고 느가 니오와 댜 카티 둘이서 잠이 들었단다. 너는 네가 시디 나도 됴데오라고 말했지만 사실 너는 시디 느가 니오도(두 신의 아이), 대지의 딸과 하늘의 신의 아이란다. 너는 노이데(혼외 자식)란다."

"형이든, 삼촌이든 저를 보내 주세요. 천막집으로 가는 길을 막고 있잖아요? 저에게는 어머니가 있는데 죽어 가요."

"어머니, 너의 천막집은 어디에 있니?"

"천막집은 추모보이 악마 개천 하류에 있어요. 이 개천이 보이시죠? 바로 그 하류요."

"네가 그녀를 엄마라고 하는 것은 말도 안 돼. 그 사람은 너의 엄마가 아냐. 너는 그 사람이 어떤 노파인지 알고 있는 거니? 그 사람은 댜 소이(대지의 어머니)야. 그 노파에게서 모든 사람들이 태어났지. 그 사람은 부정한 사람이 아니야. 그 사람은 댜 소이야. 그 노파의 눈은 모든 사람들을 보지. 아이야, 가거라. 가서 너의 엄마가 아닌 그에게 먹을 것을 줘."

그 사람은 앞으로 위로 움직였고 아이는 그의 다리 사이를 통과했다. 그는 하늘로 갔다. 그는 위로 걸어가면서 돌아보고 소리쳤다.

"이봐, 노오쿠(아이를 부르는 호칭). 내가 말하는 것을 잊었어. 노파에게 말해, 디아[2]를 만났다고. 디아가 나에게 모든 것을 말해 주었고 나의 어머니는 댜 카티이며 나의 아버지는 느가 니오라고 얘기해 주었다고 말해. 꼭 그렇게 말해."

한 번 스키를 움직이자 그는 이미 하늘에 가 있었다.

사내아이는 걸어서 노파에게 갔다.

"엄마, 댜카유(세상에). 제가 엄마에게 먹을 것을 가지고 왔어요."

"오." 어머니는 벌떡 일어나서 머리카락에 불이 붙을 정도로 불에 바짝 몸을 숙였다.

"세상에, 정말 기쁘구나. 거기에 야생 나무딸기를 모으러 갔다가 내가 아들을 찾았지. 오늘 하나를, 내일은 두 개, 그 다음에 더 많이 가져오겠지. 이제 먹을게. 얘야, 너 기쁜 일이 있구나? 너 누구와 이야기를 한 거야?"

"엄마, 내가 누구와 이야기를 했는지 왜 물어보세요? 전 디아를 만났어요. 그는 나에게 모든 것을 알려 주었어요. 제 아버지는 느가 니오고 저의 어머니는 댜 카티예요. 엄마 사

---

2) 디아는 예네츠인뿐만 아니라 네네츠, 느가나산 등 시베리아 소수민족에게서 흔히 볼 수 있는 인물로 교활하고 남을 속이기 좋아하는 인물이다.

실이에요?"

"사실이 아니야. 난 너를 평범한 땅에서 발견했어. 내가 차차 너의 아버지와 어머니를 찾아 준다고 말했잖니."

"엄마, 저의 엄마가 아니에요? 엄마가 다 소이라고 하던데. 세상의 모든 것, 세상에 걸어 다니는 모든 것은 엄마의 자식이라고 하던데. 그가 엄마는 다 소이래요. 이 모든 것을 디아가 말해 줬어요."

노파가 말했다.

"디아가 너에게 세상에 무엇이 있고 지상에 무엇이 만들어지고 두더지가 어디에 구멍을 파고 쥐가 어디서 걸어 다니고 온갖 벌레들이 어디에 있고 풍뎅이가 어디를 걸어 다니는지 말했을 거야. 그는 너에게 아주 조금 말한 거야. 그는 너에게 모든 것을 말할 거야. 그의 이름은 디아고 그것은 거짓을 의미하지. 그가 너에게 말한 것은 대부분 거짓이야. 한두 마디 옳은 것도 있지. 그렇지 않다면 전부 거짓일 거야. 그가 너를 만나러 오는 다음번에는 그가 말하는 모든 것을 전부 다 믿지 마. 그렇지만 가끔 그는 진실을 말하기도 해. 그에게서 어쨌든 소식을 알게 될 거야."

(디아는 우리 식, 즉 사모예드 식으로 수다쟁이, 거짓말쟁이다. 그 때문에 그의 이름이 디아가 되었고 네네츠족에서는 그를 욤부라 한다. 예를 들어 당신이 그에게 숟가락을

요구하면 그는 그런 숟가락을 가지고 있다고 말하기 시작할 것이다. 결국 그는 속일 것이고 아무것도 주지 않을 것이다. 그는 신이 아니고 세부아, 즉 부정한 존재다. 그는 걸어 다니며 하늘에서, 땅에서 살펴보고 모든 것을 알아내고 모두에게 말한다.)

좋아, 그들은 이제 이 메추라기를 먹기 시작했다. 노파는 메추라기를 잘라 끓여서 먹기 시작했다. 그리고 잠자리에 들었다. 사내아이는 아침에 일어나 아무 말도 하지 않고 막 해가 뜨자 떠났다.

전력으로 달렸다. 결코 조용하게 가지 않았다. 그는 스스로 느꼈다.

"내가 땅 위를 걸어가는지, 조금 더 올라간 건지."

대체로 그의 발걸음 소리가 들리지 않았다. 그는 계속 달려서 자신의 발자국을 보려고 뒤로 돌아섰다. 발자국이 전혀 눈에 띄지 않았다. 하늘에서 눈이 내렸지만 심지어 부드러운 눈도 자신의 발로 누르지 않았다. 그 때문에 그는 땅 위에 걷는 소리가 들리지 않았다. 그는 그가 땅 위를 걸어가는지 모르겠다고 말했다.

숲을 지났고 습지가 많은 초원으로 나왔다. 습지가 많은 초원은 둥글었다. 그 초원의 중간이 왜 검은 거지? 마치 안개 속에 있는 것같이 그 어떤 그림자만 보였다. 사람이 앉아 있는데 한 사람인지, 두 사람인지 보이지 않는다. 만약 사람이 아니라면 뭔가 다른 것이다. 그러나 그림자는 검지 않고 마치 하얀색인 것 같았다.

그는 전력을 다해 이 그림자를 향해 달렸다.

"정말 사람들이네."

아가씨인지 부인인지 한 사람이 있었다. 그녀의 신발은 온통 풀로 되어 있었지만 빛나고 있었다. 깨끗한 물이고 초록빛이었으며 마치 자라고 있는 듯했다. 다른 사람은 남자였다.

"그들은 웃으며 나를 보지도 않아. 나는 그들 근처에 서 있어. 남자의 가슴에 별이 있고 등에도 별이 있어. 사람같이 생긴 사람이지만 신발은 구름 같아. 나는 그들을 보는데 그들은 나를 보지도 않아. 서로서로, 자기 동료만 바라봐."

그는 소리쳤다.

"당신 이름은 뭐예요? 누나예요? 형이에요?"

"내가 이 말을 하자 그들은 놀란 것인지 나를 보지도 않고 돌아서서 갔어. 여자는 땅속으로 갔고 남자는 하늘로 올라갔어. 난 그저 남자가 구름 너머로 돌아가는 걸 보았어."

그는 서서 말했다.

"뭐지? 어떤 사람들이지? 나 때문에 놀랐나 봐. 여자는 즉시 숨었잖아. 땅속 구멍은 어디 있지? 그 어떤 구멍도 없는데. 남자는 하늘로 가자마자 구름 뒤로 숨어 버렸어. 그들이 무슨 이야기를 했는지 몰라. 아니, 난 당신들을 어떻게든 지켜볼 거예요."

그가 언덕 위에 서 있자 그 주위에 메추라기가 앉아서 소리쳤다.

"코베, 베, 베."

그는 손에 활을 들고 화살을 쏘았다. 활이 작았지만 곧장 머리를 맞혔다. 메추라기는 땅에 떨어졌다.

"세상에, 다시 어머니에게 드릴 먹을 것이 생겼네."

메추라기 날개를 허리춤에 넣고 손이 자유롭도록 끝을 묶은 다음 빨리 천막집으로 어머니에게 먹을 것을 주기 위해 달렸다.

그는 계속 달렸지만 숲에 도달하지 못하고 다시 언덕을 발견했다. 보니 언덕 위에 뭔가 하얀 것이 앉아 있었다. 머리는 크고 눈은 둥글었다. 보니 눈이 튀어나와 있었다. 눈은 달처럼 컸다.

"놀랐어. 사람인 것 같은데. 왜 날개를 달고 깃털로 뒤덮여 있지?"

그는 그의 주위를 멀리멀리 돌아갔다. 그가 돌아서 갈 때 그것은 머리를 돌려 그를 눈으로 좇으며 계속해서 앉아 있었다.

숲의 끝에 이르렀다. 그때 작은 숲이 있었다. 그 옆에 커다란 귀를 한 하얀 것이 꿈틀거리면서 앉아 있었다.

"나를 보더니 일어났어. 내 쪽으로 등을 대고 머리를 돌리며 보는 거야. 뒷다리로 서고 앞발을 늘어뜨렸어. 뭐지? 나는 아주 가까이 다가갔어. 만약 내가 그를 죽이려고 했다면 죽일 수 있었을 거야. 그렇지만 나를 물까 봐 두려웠어. 외면적으로는 긴 귀를 가지고 어떤 무는 동물처럼 보이는데. 나를 가까이 보자마자 도망갔어. 나는 그를 놀라게 했고 그는 나를 놀라게 했나 봐."

그는 숲을 지나 천막집으로 달렸다. 천막집에서 멀지 않은 숲 가운데에서 다시 하늘을 보았다. 사람이 거기서 역시 스키를 타고 가고 있었다. 그인 것 같고 아닌 것 같기도 하다.

내려오고 있다. 내려와서 내 앞에서 서서 말했다.

"이봐, 느구오쿠. 어디 갔다 오니? 메추라기 한 마리를 잡았구나. 너와 할머니가 먹을 거구나. 그렇게 해야지. 네가 노파를 먹여 살려야지. 난 낮에 너를 봤어. 지금은 밤이지만 서두르지 마, 헤매지 마. 난 이제 종종 너와 이야기할 거야. 넌 젊고 뭔가에 대해 익숙해져야 해. 낮에 내가 여기 왔을 때 뭔가를 봤어. 바로 저기 하늘에 내 길이 있어, 하얀 끈 같은 길 말이야. 난 거기서 걸어 나올 때 습지가 많은 초원 가운데

두 사람이 있는 것을 봤지. 네가 그들 근처에 서 있더구나. 네가 있었고 나는 봤어. 넌 그들이 누군지, 너와 무슨 관계인지를 물었지? 그런 다음 나는 그들이 너에게 놀라는 것을 보았어. 여자는 땅속으로 가고 남자는 구름 너머로 가 버렸지. 나는 그가 너를 지나쳐 가는 것을 보았어. 여자는 너의 어머니인 댜 카티이고 남자는 너의 아버지인 느가 니오야. 너는 메추라기를 잡고서 여기서 떠났지. 난 무엇이 일어나고 있는지 모든 것을 봐. 다만 천막집 안, 구멍 안에서 무슨 일이 일어나는지는 보지 못해. 밖에서 무슨 일이 일어나는지는 볼 수 있지. 네가 허리춤에 메추라기를 찔러 넣었지. 난 모든 것을 봤어. 네 앞 언덕 위에 매가 앉아 있었어. 네가 그를 보고 놀라서 돌아갔지. 그것 역시 메추라기처럼 먹는 것인데. 고기가 많이 나와. 그의 눈이 큰 것은 맞아. 그런 다음 매에게서 도망간 후 넌 토끼를 봤어. 너는 그를 보고도 놀랐지. 그것 역시 먹는 건데. 만약 그 둘을 잡았다면 넌 일주일을 가만히 먹을 수 있었어. 여러 짐승이 있고 여러 새들이 있어. 검은 것도, 흰 것도, 점박이들도 있지. 그것들을 잡아. 이제 집으로 가. 할머니가 배고프겠다."

디아는 다시 사내아이가 그의 다리 사이를 지나가도록 하고 하늘로 갔다. 사내아이는 뒤를 보며 생각했다.

"디아는 어떤 사람이지? 왜 항상 가면서 나를 다리 사이로 보내는 거지? 언제든 나를 밟을 수 있어."

사내아이는 집으로 달려갔다.

"엄마, 메추라기 한 마리 여기 있어요. 먹을 것을 구해 왔어요."

"아들아, 잘했구나. 이제 배고프지 않겠구나. 매일 먹을 것을 구해 오니. 내일도 구해 와야 한다."

노파는 불을 지폈고 솥을 올려놓았다. 메추라기를 끓여서 먹었다. 먹을 때 이야기를 했다.

"아들아, 디아를 다시 만나서 이야기를 나눴지. 그가 너에게 또다시 무슨 거짓말을 했어?"

"디아가 저에게 말했어요. '습지가 많은 초원 가운데에 두 사람이 앉아 있었어. 너는 그들과 이야기를 나눴지. 너는 그들을 누구라고 생각해? 한 사람은 댜 카티이고 다른 한 사람은 느가 니오야.' 내가 그들에게 그들은 나와 어떤 관계냐고 묻자 그들은 놀라서 숨었어요. 그들에 대해 그가 저에게 말해 주었어요. 그 사람이 너의 아버지와 어머니라고. 그렇지만 저는 언제든 그들을 지켜볼 거고 그들 중 누구든 잡을 거예요. 그들이 나를 보기 싫다고 해도 말이에요."

"아들아, 그들을 잡아서는 안 돼. 만약 그들을 잡으면 느가 니오가 너를 하늘의 반으로 데리고 가서 던질 거야. 그러면 넌 숲에 떨어져 깨지거나 땅에 떨어져 배가 터져 버릴 거야. 댜 카티를 잡으면 그녀는 땅 밑으로 들어갈 거야. 그녀는 너를 영원히 데리고 갈 거고 넌 길을 잃어버릴 거야. 그들이 놀라서 너를 데리고 갈 거란다. 그들에게 좋게 대해. 네 말을 듣지 않아도 가게 내버려 둬. 세 번째는 네 말을 듣게 될 거야. 만약 네가 두 번째, 세 번째 거기에 간다면 이 언덕 위에서 네가 태어났고 거기서 뽑힌 풀이 있었다는 것을 알게 되겠지. 풀 밑에 새 둥지처럼 구멍이 있었단다. 너는 그 구멍 속에 누워 있었어. 그들은 말을 할 테고 너는 모든 것을 듣게 될 거야. 아버지는 너를 몰라. 엄마는 너를 낳고 거기에 내버려 뒀어. 어서 자거라."

"엄마, 전 둘을 또 만났어요. 하나는 매인데 그것도 먹는 거래요. 눈이 커요. 저는 그가 무서웠어요. 저는 매에게서 떠났고 긴 귀를 가진 짐승을 만났어요. 저는 그것도 무서웠는데 그 동물도 저를 무서워했어요. 그 동물들은 먹을 수 있대요."

"맞아. 그 동물들을 잡으면 우리는 배불리 먹을 수 있어. 메추라기 하나를 먹으면 아침에 먹을 게 없잖니."

"아뇨, 괜찮아요. 전 먹고 싶지 않아요. 전 피곤하지 않아요. 엄마, 왜 그 디아가 저를 두 번 다 다리 사이로 지나가게 하는 거예요? 정말 그는 저를 인간으로 생각하지 않는 거예요?"

"이런 녀석, 네가 아직 어려서 그렇지. 그가 네 다리 사이로 가게 하는 것이 더 좋단다. 그는 네가 올라가지 않도록 땅에 눌러 두는 거야. 만약 그가 너를 지나쳐 가면 너를 데리고 갔을 거야. 너는 신의 아들이니 가볍지. 그러므로 그는 네가 땅에 있도록, 내 옆에 있도록 누르는 거야. 디아는 영리해. 너는 점차 신이 될 거야. 너는 순수한 사람이고 평범한 사람이 아니니까."

아이는 아침에 일어나 다시 달려 나갔다. 습지가 있는 초원의 언덕으로 달렸다.

아이는 다시 이 장소에 도착했다. 그 사람들이 앉아 있던 그 자리를 보니 그들은 없었다.

"좋아, 난 여기로 오지 않을 거야. 그들은 당장 오지는 않을 거야. 무서워하니까."

아이는 여기서 조금 떨어져서 둘러보았다. 토끼였다. 아이는 겨냥해서 화살을 쏘았다. 토끼는 머리를 맞아 죽었다.

"이제 고기를 먹을 수 있겠다. 좀 무겁네. 고기가 많겠는걸."

아이는 천막집으로 돌아갔다. 숲으로 갔다. 숲은 그다지 무성하지 않았고 그 속에 여유 공간이 있었다. 초원을 발견했는데 옆에 무성한 숲이 있었다. 거기 나무 위에 매가 앉아 있었다. 날아가려고 날개와 꼬리를 들어 올렸다.

"가려 할 때 화살을 쏘아야지, 날개 하나를 부러뜨렸어. 어깨에 화살을 쏘았어. 기쁘다. 이제 먹을 수 있겠네. 디아는 매우 영리해. 만약 그가 나에게 이야기해 주지 않았다면 난 죽이지 못했을 거야. 이제 엄마가 배불리 드시겠네. 난 매일 쏘다녀도 아무것도 먹고 싶지 않아."

아이는 개천 기슭을 따라 집으로 달려갔다. 숲은 무성했다. 갑자기 누군가 웃고 소리치는 소리를 들었다. 큰 소리로 웃는 것 같았다.

"무서워. 내가 천막집에 이르렀는데도 웃는 소리만 들려. 난 무서워. 어떤 악마일지도 몰라." 아이는 천막집에 도착해서 토끼와 매를 엄마에게 던졌다.

"얘야, 이렇게 매일 사냥을 나간다면 난 살이 찌겠구나. 내일 아무 데도 가지 마. 이틀 동안 먹을 게 충분하니까."

아이는 부츠의 눈을 털면서 말했다.

"엄마, 전 무서워요. 전력을 다해 집으로 달려왔어요. 웃음소리를 들은 것 같기도 하고 누군가가 소리치는 것 같은 소리도 들었어요. 숲을 지나오는데 숲에서 웃음소리를 들었어요. 멈출 수가 없었어요. 어떤 악마가 나를 잡으러 온다고 생각했어요."

"그건 악마가 아니야. 어떻게 웃었는지 말해 줄 수 있니?"

"이렇게 웃었어요. '하하아아, 하하아아.' 웃는 것 같기도 하고 소리치는 것 같기도 했어요."

"그건 악마가 아니야. 네가 봤다면 무엇인지 알았을 텐데. 그건 나의 친딸이란다. 태어났을 때 내가 숲으로 보냈어. 그 아이를 만나면 파르네쿠라고 불러. 그 아이를 숲에서 두 번째 만나면 오바라고 불러. 누나처럼 말이야. 그 아이는 너를 무서워할 거야. 네가 오바(누나)라고 부르면 겁내지 않고 너에게로 올 거야."

엄마는 토끼와 매를 잘라 창자를 빼냈다. 매를 끓이고 토끼는 내일 몫으로 남겨 두었다.

"이제 네가 고기를 많이 구해 오는구나. 아깝니? 실컷 먹자꾸나."

"아뇨, 엄마. 전 실컷 먹지 않을 거예요. 전 하루 종일 걸어도 배고프지 않아요. 드셔서 건강해지세요."

노파는 매를 끓여, 먹기 시작했다. 아들은 먹고 즉시 잠자리에 들었지만 신발도 벗지 않았다. 노파는 식사를 하고 그는 누워 있었지만 잠자지 않고 엄마가 뼈를 씹어 먹는 소리를 듣고 있었다. 그 외에 밖에서 누군가가 기침하는 소리를 들었다. 그는 앉아서 말했다.

"엄마, 아직 잠들지 않았죠? 누가 밖에서 걸어 다니고 있어요? 누군가가 저기 내 머리 맞은편에서 기침을 했어요."

"누구지? 난 쓸데없이 다니지는 않아. 누가 있다면 밤마다 디아 혼자 걸어 다녀. 우리가 어떻게 사는지 엿보는 거지.”

“디아인지 어떻게 알아요? 어떤 다른 사람일지 모르잖아요.”

엄마는 나갔다. 문에서부터 보면서 천막 주변을 걸어 다녔다.

“저기에 천막 뒤, 아이의 머리가 있던 그 자리 맞은편에서 한 사람이 걸어가고 있네. 한 손에 장대를 들고 다른 한 손에 채찍을 들고 있어. 썰매가 그에게서 조금 떨어져 서 있고. 내 아이의 맞은편 천막집으로 곧장 걸어오고 있군. 장대는 뿔처럼 앞으로 쥐고 있고 그것으로 천막집을 찌르려고 해. 나를 보더니 장대를 치우는군.”

노파는 천막집으로 돌아갔다.

“애야, 내가 나가지 않았다면 그가 천막집을 뚫고 너를 찔렀을 거야.”

“엄마, 그를 쫓아 버려요. 어떤 사람이에요? 만약 스키를 타고 왔다면 디아일 거예요. 난 무섭지 않아요. 그는 나를 놀라게 할 뿐이에요.”

그들은 잠자리에 들었다. 불이 꺼졌다. 그들은 밖에 어떤 사람이 서 있는 것이 두렵지 않았다. 아이는 이미 코를 골기 시작했다. 그 사람은 밖에 서 있다.

바로 그 사람은 디아다. 그러나 그는 두 번 스키를 타고 왔고 지금은 순록을 타고 왔다. 그에게는 희고 흰 황소 두 마리가 있다. 순록들은 가축과 같은 그런 종류가 아니라 야생이나 어떤 다른 종류인 것 같다. 두 마리 순록의 뿔이 이마에서 자라는 것 같다. 이건 원래 뿔이고 한 번도 떨어져 본 적이 없으며 원으로 올라가서 서로서로 얽혀 있는 듯했다. 이 순록들의 털은 잘 다듬어져 있고 단단했다.

디아는 찌를 듯이 장대를 올리고 서 있다. 그는 무엇인가를 생각하고 있다. 디아는 장대의 다른 끝을 올리고 채찍을 치며 떠났다. 이제 디아에 대한 이야기가 시작될 것이다.

디아는 계속 갔다. 스스로는 땅을 걸어가는지 공중으로 가는지 몰랐다. 밤은 밝았다. 모든 별들이 가장 빛날 때까지 주변에 보였다. 별은 하늘 전체에 흩어져 있었다. 달과 별은 원을 그리며 하늘을 떠다닌다. 그는 마치 그들을 맞이하러 가는 듯 반대편으로 가고 있다.

디아는 가면서 채찍을 쥐고 다리 아래를 봤다.

"이런, 숲이 나에게서 멀리 있군. 난 거의 구름까지 올라갔어."

그는 달을 만났다. 달은 마침 보름달이었다. 달 근처에 사람이 서 있다. 디아를 마침 마중 나온 것 같았다. 그는 한 손에 공이를 들고 있는데 모피 옷에서 눈을 털어 내거나 이끼 종류로 알고 있는 것들, 또는 네네츠인들이 눈을 긁어내기 위해 가지고 있는 그런 나무망치가 아니라 소고를 치는 공이였다. 디아는 달 앞에 멈췄고 그 사람이 말했다.

"디아, 난 네가 디아라는 것을 알고 있어. 어디로 가는 것이냐?"

"이리오 카사(달의 남편)야, 너는 어디로 가느냐?"

"난 나의 지역을 보러 가는 거야."

"멈춰, 그 누구에게서도 듣지 못했던 것을 나에게 말해 줘. 너의 국민은 몇 명이야? 나에게 진실을 말해 줘."

"디아, 너는 세계 일주를 하고 모든 것을 알려고 하는구나. 인간의 주머니 속에 돈이 얼마 들어 있는지, 인간에게는 일꾼이 몇 명 있는지, 모든 것을 알려고 해. 넌 세상의 모든 것을 알아내라는 명령을 받았지? 왜 너는 모든 것을 알아야 해? 넌 무엇 때문에 모든 것을 조사하고 다니는 거야? 네가 알아야 할 필요가 있어?"

"필요해, 난 꼭 모든 것을 알아야 해. 네가 마침 나를 만나 아주 잘됐어."

"나의 국민은 총 7007명이야. 일곱은 네가 봤고 그들은 세오 폰세이(일곱 별, 즉 큰곰자리)야. 그들 외에 7000개의 별이 있지. 너는 왜 가는 거야?"

"나는 하늘에 별이 몇 개인지 모두 알아보기 위해 뒤를 쫓아가는 거지."

디아는 자신의 길(은하수를 따라)을 갔고 이리오 카사는 자신의 지역을 시찰하면서 갔다. 디아는 어딘가로 갔고 이리오 카사도 어딘가로 갔다. 다시 이야기는 땅에서 시작되었다.

천막집에서 사내아이는 머리를 들었다.

"해예요. 엄마 불을 지펴요. 해가 떴어요."

엄마는 불을 지피고 토끼를 끓이기 시작했다. 겨울이 왔다. 우리가 오랫동안 이야기하다 보면 겨울은 지나간다. 이미 봄이 되었고 3월이나 4월이다.

사내아이, 느구오쿠가 걸어간다. 아, 더워. 모든 것이 녹았다. 그는 이곳까지 가는데 길이 아니어서 예니세이 위에 있는 기슭을 따라 다른 길로 걸어갔다. 그는 아래(북쪽으로)가 아니라 위로(남쪽으로) 갔다. 숲을 따라 걸어갔다.

그렇게 그는 숲으로 걸어갔다. 더운 여름이었다. 예니세이는 아마도 지나간 듯했다. 보이지 않았지만 다른 길들이 지나갔다. 무성한 숲으로 갔다. 갑자기 누군가가 다시 웃었다. 가장 무성한 숲이 주위에 있었지만 숲은 낯설었다. 다시 누군가가 웃었다.

"하, 하, 하, 하, 하, 하."

그는 멈춰서 들었다. 들어 보니 여기 어딘가 멀지 않은 곳이었다.

“엄마가 저 사람이 나의 누나라고 말했어. 정말 저 누나가 나를 먹을까?”

[물론 숲에 살면 악마다.]

그는 계속 걸었다.

“어머, 저기 나무 위에 뭐가 앉아 있지? 나를 보자마자 나무에서 땅으로 뛰어내려 도망치네. 나는 ‘누나, 누나, 누나’라고 소리쳤어. ‘어디로 달려가는 거야?’ 누나가 들었어. 멈추더니 돌아보고 내 쪽으로 오는 거야. 나는 계속 소리쳤어. ‘누나, 누나, 누나, 어디로 달려가는 거야?’”

“얘야, 넌 누구니? 누구의 아들이야?”

누나가 나에게로 왔는데 그녀의 꼬리가 늘어져 있었다. 누나는 신을 신지 않았고 몸은 보이지 않았으며 온통 털에 뒤덮여 있었다. 그녀가 나에게로 다가왔다.

“난 소이 메뉴오(어머니 노파)의 아들이야.”

“아니야, 거짓말이야. 난 뭔가를 들었어. 너는 댜 카티의 아들이고 느가 니오가 너의 아버지라고 말이야. 난 그렇게 들은 것 같아.”

“너는 거짓말을 하고 있어. 넌 어디서 들었어? 나무가 서 있지, 넌 거기서 들은 거야, 그렇지? 넌 거짓말을 하고 있어.”

“아냐, 난 거짓말 안 해. 진짜야.”

그들은 논쟁을 벌였다.

"난 너를 잡아서 불에 넣을 거야." 사내아이가 말했다.

"난 널 잡아서 할퀴어 줄 거야. 빈틈이 없게." 파르네쿠가 말했다.

"저기 마른 전나무가 있어. 난 지금 태워 버릴 거야." 사내아이가 말했다. 부싯돌과 부싯깃을 꺼냈다. 두 번 치니 불이 확 붙었다. 불을 피우고 말했다.

"난 댜 소이 니오(대지의 어머니의 아들)야."

"아니야, 넌 댜 카티 니오(대지의 딸의 아들)야."

그렇게 그들은 그가 불을 지필 때까지 내내 논쟁을 했다. 그녀가 사내아이를 자신의 발톱으로 잡으려 하자 사내아이는 불을 그녀에게 던졌다. 그녀는 불 주위를 뛰어다녔다.

"누나, 누나는 나를 잡지 못할 거야. 만약 내가 누나에게서 도망가면 쫓아오지 마."

"싫어, 대지의 딸의 아들아. 네가 내 발톱에 걸리면 난 널 갈기갈기 찢을 거야."

사내아이는 그녀가 자신을 대지의 딸의 아들이라고 부르는 것에 화를 냈다. 사내아이가 마른 풀로 불을 지폈다. 불길은 위로 치솟았다. 불이 꺼졌을 때 사내아이는 말했다.

"그럼 이제 이리 와. 누구의 힘이 셀까?"

둘은 붙었다. 그러나 사내아이는 이 파르네쿠가 그를 잡아서 곧 발톱으로 찌르는 것을 느꼈다. 사내아이는 그녀를 흔들었다. 하루 종일 흔들었다. 밤이 되었다. 그의 입에서 피가 섞인 침이 나왔다. 옷을 입고 있었지만 옷이 엉망이었다. 그녀는 그에게서 떨어져 나와 몸을 할퀴기 시작했다. 그녀가 잡으면 피가 나. 그녀에게서 떨어졌다.

"우리 엄마는 댜 소이야."

"아냐, 너의 엄마는 댜 소이가 아니라 댜 카티야. 너의 아버지는 느가 니오고."

"아냐, 거짓말이야."

파르네쿠를 잡아 불에 던지니 나무처럼 탔다. 그녀에게서 불꽃이 일었다. 마지막 숨을 내쉬더니[말 그대로 "마지막 정신으로"] 파르네쿠는 불 속에서 소리쳤다.

"느가 니오 니오, 댜 카티 니오야. 네가 힘이 더 세. 나의 불꽃이 너의 지역 전체에 번지게 해. 인간이 어디에 있든 불꽃은 그를 찾아낼 것이고 찌를 거야. 나의 불꽃들이 모기가 될 거야."

그녀의 불꽃은 사방으로 날아갔다. 바로 이것이 모기들이다.

이제 파르네쿠를 태우고 그는 집으로 달려갔다. 자신의 천막집에 도착하지도 않았는데 디아가 그와 마주 걸어오는 것을 보았다. 전에 맸던 흰 황소 두 마리를 타고 있었다.

그는 멈췄다.

"느가 니오야. [이제 그를 느구오쿠가 아니라 느가 니오라고 불렀다.] 너도 모든 비밀을 나처럼 밝히는구나. 나는 사방에 있고 세상에 있는 모든 것을 알아내지. 너도 마찬가지야. 너는 파르네쿠를 불태우고 온 세상에 모기가 생기게 했어. 나 역시 모든 것을 알았지. 위를 보면서 말이야. 너는 그들(별)을 손가락으로 세어 보지 않았지? 난 얼마 전 어느 날 밤에 그들의 수를 알아냈지. 그들, 별이 몇 갠지 아니? 별을 셀 수 있을까?"

"아니, 이노(형). 별을 내가 어떻게 세. 누구한테 수를 알아낸 거야?"

"이리오 카사에게서 알아냈지."

"그럼 사실이겠구나. 이리오 카사는 알아야 하니까, 모두 그의 국민이잖아. 몇 개야?"

"7007개."

"응, 7007개. 일곱 개가 더 있는 거네. 그건 세오 폰세이지. 그들이 보여. 근데 이리오 카사가 조금 거짓말을 했네. 왜 그는 7007개라고 생각한 거지? 일곱 개를 더 해야 해. 7014개가 되어야 해."

"너는 일곱 개를 어디서 더 본 거야?"

"바로 저거야. 세 봐. 일곱 개의 별 무리가 저기 더 있잖

아. 그건 플레이아데스[3]야."

"맞아. 그는 이 일곱 개의 별을 세지 않았어. 이제 우리가 일곱 개를 보태서 7014개가 된 거야."

"이리오 카사가 오면 댜 카티 니오가 일곱 사람을 더 보탰다고 그에게 말해. '넌 그 사람들을 알고 있니'라고 말이야."

"바로 그거야. 헤어지자. 넌 집으로 가. 나도 집으로 갈 거야." 디아가 말했다.

"알았어. 해가 있을 때 하늘에 별이 몇 개인지 보러 가. 그러면 알게 될 거야. 넌 하나를 묻지 않았어. 이리오 카사에게 이것을 묻지 않았어. 그가 너에게 아무것도 말하지 않았는데, 아님 말한 거야? 우리가 서 있는 여기서 얼마 되는지, 하늘까지 높이가 얼마인지 말이야. 이리오 카사에게 물었어?"

"아니, 그것에 대해서 아무것도 모르고 그에게 묻지 않았어. 높이가 얼마지?"

"네 식대로 하면 얼마가 될까? 바로 이렇게 하면 얼만지 알 수 있어. 나에게 독수리 일곱 마리를 데리고 와. 일곱 마

---

3) 그리스 신화에 나오는 아틀라스의 일곱 딸. 오리온에게 쫓겨 하늘에 올라, 칠요성(七曜星)이 되었다고 한다.

리의 독수리를 데리고 오면 그들 중 한 마리를 위로 날려 보내는 거야. 그러면 그 독수리가 보일 거야. 그런 다음 다른 독수리를 어느 정도 높이에 있는 그 독수리 위로 날려 보내는 거야. 그런 다음 세 번째 독수리를 두 번째 독수리 위로 날려 보내. 만약 일곱 마리의 독수리를 서로서로 위로 날려 보낸다면 각각의 독수리는 다른 독수리를 볼 것이고 이 독수리가 하늘까지 높이가 얼마나 되는지 알아내는 거지. 대체로 일곱 마리의 독수리가 하늘까지 높이가 얼마나 되는지 말하는 것은 오래 걸려. 이리오 카사에게 그렇게 말해."

"좋아, 내가 말할게. 나도 직접 해 볼게. 그리고 이리오 카사에게 말할게. 넌 어떻게 알아냈어? 넌 땅 위를 걸어 다니는데. 난 하늘을 다니며 아직 이것을 몰랐네. 이제 헤어지자. 내가 이것을 알았으니 이리오 카사에게 전할게. 집으로 가, 나도 집으로 갈 거야. 이제 넌 여기 지상에 남아. 온 땅 위에 사람들이 걸어 다니며 너를 숭배할 거야. 넌 온 엔티오느가(진정한 인간의 신)가 되는 거야. 너도 땅 위를 걸어 다니지 못할 거야. 어딘가로 숨겠지. 너의 노파는 결코 죽지 않을 것이고 그런 노파는 영원할 거야. 왜냐하면 노파는 지상에 살고 있는 모든 것의 어머니이니까. 댜 소이, 그녀의 이름이야. 아마도 모든 인간들이 그녀에게서 태어났을 거야. 이제 헤어지자. 나의 두 마리 순록을 가져. 그들을 타고 네가 필요한 곳으로 다녀. 하늘에도 올라오겠지. 썰매를 가져."

디아는 자신의 스키를 썰매에서 꺼내고 말했다.

"이제 난 하늘로 올라가서 전 세계를 보며 말할 거야. 바로 이것이 그의 길이고 이것이 디아의 길(은하수)이라고 말이야. [밝은 밤이면 그의 길이 보인다. 우리 식으로 하면 디아 우지이고 네네츠인들은 욤부 람베토마, 즉 욤부의 스키 길이라고 부르지.]"

"자, 그럼 안녕." 디아가 말했다.

디아는 발을 움직여서 다른 길로 지치며 갔다. 다만 그가 보일 뿐이다. 사내아이는 썰매를 타고 자신의 천막집으로 갔다. 도착해서 순록을 썰매에 묶고 천막집으로 들어갔다. 이 두 마리 순록을 풀어 주어야 하나, 말아야 할까?

바로 그때 노파가 말했다.

"먹자꾸나."

솥을 놓고 마지막 토끼 고기를 먹기 시작했다. 노파가 말했다.

"나의 아들아, 어쨌든 넌 나의 아들이고 넌 다 카티 니오의 선물이란다. 이제 헤어지자. 넌 세상을 돌아다니고 난 땅 아래로 숨어야 해. 너라도 아내를 맞이하고 아내가 너를 위해 임신했을 때 딸이든 아들이든 낳으면 내가 그들을 보낸다는 것을 알아라. 내가 장작을 패던 칼도 있고 도끼도 있단다. 사내아이가 태어나면 이 칼로 내가 만든 것이란다. 바로 이 도끼는 말이야. 여자아이가 태어나면 처음에 몸 안에 구멍이 없을 거야. 여자아이에게 그 구멍을 만들어 주어야 해. 내가 이 도끼로 여자아이에게 구멍을 내 주는 거야. 난 온 대지, 인간과 전 세계의 어머니야. 나의 이름은 댜 소이이지. 왜냐하면 나에게서 모든 인간이 태어나니까. 이제, 아들아, 입술을 다오, 너에게 키스를 해 주겠다."

사내아이는 일어났고 노파는 계속 말했다.

"너의 순록들이 매어져 있구나. 네가 원하는 곳으로 가거라. 난 여기에 남을 거야. 넌 날 더 이상 보지 못할 거야."

사내아이는 다가가 자신의 어머니에게 키스를 하고 밖으로 나갔다. 문을 열고 보았다. 어머니는 이미 없었다. 숨어 버린 것이다. 이제 그는 문을 닫고 그들을 막대기로 눌렀다.

"어머니, 바로 여기가 당신의 천막집입니다. 사실은 당신은 천막집에 계시죠."

그는 순록을 타고 토끼와 매를 잡았던 숲으로 갔다.

우리는 오랫동안 무엇을 이야기하지? 그는 초원으로 갔다. 초원으로 가서 다시 거기 언덕 위에서 두 사람의 그림자가 있는 것을 보았다.

"순록들이 스라소니처럼 가고 있군. 그들 앞에 내가 멈췄지. 다시 그들은 서로서로 웃으며 이야기를 나누고 있었어. 난 그들의 입술이 움직이는 것만 보고 있었어. 난 썰매에 타고 있었지. 그들은 내가 보고 있는지 아닌지도 몰라."

그는 조용히 썰매에서 뛰어내려 손에 말려 있는 채찍을 들고 어머니, 댜 카티에게로 가서 그녀의 손을 잡았다. 아버지, 느가 니오는 위로 뛰어가려 했지만 그가 다른 손으로 옷자락을 잡았다.

사내아이는 자신의 두 다리로 버텼다. 썰매가 당겨지고 순록들이 놀라서 갈라지고 있다. 두 사람은 손에서 벗어나고 있다. 얼마 정도 후에 그들은 빠져나갔다.

"오우, 하. 이 아이가 댜 메뉴오 니오(대지의 노파의 아들)이군. 힘이 세구나." 느가 니오가 말했다.

"이 아이는 댜 메뉴오 니오가 아니라 우리 아들이에요." 댜 카티가 말했다. "이 아이는 우리가 여기서 놀았을 때 생겼어요. 바로 이 언덕에서요. 이 언덕이 눈에 띄잖아요. 우리가 놀았던 그 후 이 아이가 태어났어요. 전 이 아이를 풀로 덮었죠. 바로 댜 메뉴오가 이 아이를 여기서 찾아서 키웠어요. 바로 이 애가 우리 아들이에요. 우리가 이 아이를 거둬야 해요."

느가 니오가 말했다.

"어디에 거둔단 말이야? 그는 우리 둘 사이에 살게 될 거야. 전처럼 지상을 걸어 다니고 원한다면 하늘에 올라오겠지. 왜냐하면 그의 순록들은 나의 국민이기 때문이야. 이것은 디아의 순록이잖아. 그는 땅 밑으로 가지 않을 거야. 여기에 살게 해. 이 지상의 온 국민이 너를 숭배하게 될 거야. [전에 노파가 말했던 것처럼 그렇게 말을 했다.] 난 너를 보게 될 것이고 뭔가를 너에게 설명할 것이며 어머니는 너를 도울 거야. 그러니 이 언덕에서 우리를 놓아 다오. 넌 여기서 우리를 찾게 될 것이다."

사내아이는 그들을 놓아주었다. 남자는 하늘로 올라가고 여자는 땅 밑으로 내려갔다. 그는 썰매를 타고 생각했다.

그는 일어나서 썰매에 있는 자기 침대보를 들어 올려 공이를 꺼냈다. 그런 다음 칼을 꺼내 이 공이를 깎았다. 그걸로 인간을 조각하는 듯했다. 손이 만들어지고 다리가 만들어지고 머리가 만들어졌다. 눈, 코, 입을 만들었다. 그는 언덕 위에 세워 놓고 단단히 꽂고 반나절을 남쪽을 향해 세워두었다.

"미래에 만약 어떤 인간이 오면 너를 가지게 되리라. 너에게서 카하(악마)가 생길 것이고 나에 대해 신이라 말할 것이다. 높은 신이 아니라 어딘가 가까이에 있는 신, 우리의 신이라 말할 것이다. 난 어떤 인간을 위에서 보고 말할 것이다. '물에 빠지고 어떤 병으로 죽고 칼로 죽게 내버려 둬라.'

나는 인간에게 병과 죽음을 줄 것이다. 이제 '그가 나에게 죽음을 보내는구나'라고 말하게 될 것이다."

그는 언덕에 이 조형물을 세워 놓고 위로 올라갔다.

"높이 올라가지 않을 거야. 하늘을 가지 않아도 나를 계속 볼 수 있을 것이다. 나는 계속 여기 살 거니까."

그의 이름은 시디네 바다시 느가(우리를 키운 신)이다.

[디아는 댜 메뉴오도 가르쳤다. 그의 아버지는 이리오 카사라고도 하지만 알려져 있지 않다. 이리오 카사는 달로 간 샤먼이다.]

디아

크고 넓은 파시나 강이 있다. 이 강의 왼편에 천막집 한 채가 있다. 천막집에는 세 사람, 두 명의 디아와 노인이 살고 있다. 노인은 그들의 아저씨인 듯하다.

강의 오른편 기슭에도 한 채의 큰 천막집이 있다. 거기에는 시히오[4]가 살고 있다. 그에게는 아내와 딸이 있다. 시히오는 순록들도 가지고 있다.

디아에게는 순록이 없다. 작은 배만 있다. 어느 날 손위의 디아가 말했다.

"나는 시히오의 천막집에 놀러 갈 거야. 거기에서 어떻게든 그를 속일 거야."

그는 시히오에 놀러 갔다. 시히오는 말했다.

"무슨 일로 왔어? 필요한 게 있는 거야?"

디아가 말했다.

"네가 '원하는 게 있어?'라고 말을 하는구나. 우리 배를 타고 강물을 따라 아래로 가자. 누가 더 빨리 배를 저어 가는지 시합하자. 만약 내가 너를 이기면 너는 너의 딸을 나에게

---

4) 민담에 등장하는 식인괴물 중 하나다.

주는 거야. 만약 네가 나를 이기면 내가 아저씨를 너에게 줄게. 너는 어쨌든 물과 장작을 나르는 데 그가 필요할 거야."

시히오가 말했다.

"왜 안 되겠어? 누가 빠른지 시합하자."

그다음 시히오가 말했다.

"언제 경쟁하지?"

디아가 말했다.

"내일 내가 너에게 올게."

디아가 집으로 가서 말했다.

"아우야, 내일 시히오와 시합하자. 너는 나를 내일 이른 아침에 강 아래로 20~30킬로미터 모래 밑에 숨겨 줘. 너는 그와 배를 타고 시합하러 가. 네가 그에게 어떻게 갈 것인지 말해. 우리는 배를 보지 않고 강의 아래쪽으로 볼 거야. 배를 타고 내가 앞으로 달려가서 소리칠 거야. 내가 너를 남겨 두었으니까. 그를 속이자. 아마도 속일 수 있을 거야."

이른 아침에 동생 디아는 자신의 형을 강 아래 모래 속에 숨겼다. 거기서 그를 파묻고 자신은 시히오에게로 가서 그에게 말했다.

"시히오, 시합할 거지? 너의 배는 어디 있어?"

시히오가 말했다.

"시합하러 가."

시히오는 자신의 배를 가지고 왔다. 그는 크고 청동으로 된 배를 가지고 있었다. 노도 청동으로 된 것이다. 디아의 배는 작고 노는 두꺼운 풀로 만든 것이다. 디아가 말했다.

"보지 말자. 눈은 감고 아래만 보는 거야."

둘은 배를 탔다. 디아가 말했다.

"그럼 출발하자."

시히오는 아래로 세차게 노를 저었다. 그가 노를 젓자 동생 디아는 배와 함께 돌아서 물 밑으로 갔다. 형 디아는 구멍에서 튀어나와 말했다.

"시히오야, 난 이미 너를 이겼어. 너는 배를 저을 줄 모르는구나."

시히오는 앞을 보았다. 디아가 그의 앞에서 가고 있었다. 시히오가 말했다.

"디아, 시합할 필요가 없군. 너는 이미 내 앞에 가고 있으니."

디아가 말했다.

"이제 딸을 나에게 줘. 만약 주지 않으면 너를 죽일 거야. 내 힘이 더 세."

시히오가 말했다.

"약속했으니 줘야겠지. 줄게."

디아가 말했다.

"난 유목을 떠날 거야. 난 너의 천막집에서 살 거야. 우리 함께 살자."

디아는 이제 시히오의 천막집에서 살고 있다. 시히오의 딸과 결혼했다. 그는 온종일 잠만 잤다. 그런 다음 디아가 말했다.

"넌 힘센 사람들을 알고 있니? 그에 대해 듣거나 힘센 사람들을 발견한 적 없어?"

시히오가 말했다.

"아니, 난 힘센 사람들을 본 적이 없어. 나 빼고 세 사람밖에 몰라. 그들은 힘이 세. 세 형제이고 소마투[5] 사람이야. 그들 중 막내는 여기서 7아르기시[6] 떨어져 있고 가운데 형제는 천막집보다 더 떨어져 있으며 큰형은 조금 더 떨어져 있어."

디아가 말했다.

"그렇게 생각했어. 내가 아내를 데리고 이 사람들 집에 놀러 갈까, 하고 말이야."

시히오가 말했다.

"디아, 넌 쓸데없는 말을 하는구나. 넌 돌아오지 못할 거

---

5) 툰드라 에네츠족의 종족 명칭.

6) '아르기시'는 순록 행렬(순록을 타고 유목을 다니는 행렬)을 뜻한다.

야. 그들은 너를 죽일 거라고."

디아가 말했다.

"어떻게든 가야 해."

시히오가 말했다.

"상관 않겠어. 만약 가고 싶다면 가."

디아는 가벼운 천막집을 만들어서 아내와 유목을 떠났다.

출발 전에 그는 말했다.

"시히오, 너 활 가지고 있어? 활을 줘. 내가 그들의 머리를 이리로 가지고 올게."

시히오는 활을 꺼냈다. 활은 평범한 판으로 만들어졌고 중간에 커다란 구멍이 있는 그런 것이었다. 활의 양쪽 끝에는 진짜 눈처럼 두 개의 눈이 있다. 화살들은 단단하며 16푸트[7] 무게를 지녔다. 시히오가 말했다.

"이 화살들은 이 구멍을 지나가야 해. 여기에 20푸트의 무게가 나가는 망치가 있어. 네가 그들에게 맞으면 화살들이 스스로 나갈 거야. 만약 이 화살을 쏜다면 화살은 스스로 너에게로 돌아올 거야."

디아는 활을 집었다. 땅에서 그것을 들어 올리지도 못했

---

7) 무게 단위다. 1푸트는 16.38킬로그램이다.

다. 그는 썰매로 가서 말했다.

"시히오, 내가 활을 두고 왔어. 네가 그것을 이리로 가지고 와."

시히오는 천막집에서 나와 활을 들고 왔는데 한 손으로 들었다.

"시히오, 정말 힘이 세구나. 한 손으로 활을 들다니."

그는 썰매에 활을 던지고 움직였다. 썰매를 일곱 대 만들었고 후에 일곱 번째 아르기시가 멈췄다. 아내가 디아에게 말했다.

"막내 소마투가 우리에게서 멀어요?"

"아니, 그의 순록 지역이 우리에게서 멀지 않은 곳에 있어."

그런 다음 디아는 아내에게 말했다.

"그의 딸이 집에 있을까?"

"있어요."

디아가 말했다.

"그에게로 가. 그가 돈을 받지 않고 선물로 딸을 나에게 주게 해 봐. 만약 그가 주지 않으면 말해, 나는 신처럼 강한 사람이라고 말이야. 그는 너를 내일 죽일 거라고. 소마투가 제 발로 와서 나의 장작과 물을 가지고 가라고 해."

디아의 아내는 갔다. 이 소마투 천막집을 발견했다. 이

막내 소마투는 말했다.

"시히오의 딸이 무슨 일로 왔느냐?"

"저의 남편이 말하라고 보냈어요. 그는 신처럼 강한 사람이라고요. 소마투가 딸을 주고 제 발로 온다면 장작을 패고 물을 가지고 가도 된다고 말이에요. 저의 남편은 만약 살고 싶다면 동의하라고, 말했어요."

소마투는 깊이 생각했다.

"그럼 나의 딸을 주겠소. 나의 목숨은 아까우니 그렇게 강한 사람이라면 나의 딸을 주겠소."

소마투는 아침에 일어나서 썰매를 끌고 디아의 천막집으로 갔다. 소마투에게는 농장 노동자의 아이들이 있었는데 서너 명이었다. 그는 디아에게 자신의 딸을 주었다. 디아의 아내는 두 명이 되었다.

디아는 위대한 지도자가 되었다. 그가 거리를 걸어가면 앞에 아름다운 천이 깔렸고 뒤에서 사람들이 그를 죽이려 했다.

이 소마투는 매일 야생 순록 사냥을 떠났다. 디아는 이때 썰매를 타고 밖에 있었다.

소마투의 농장 노동자들은 밖에서 걸어 다니며 놀고 있었다. 그들 중 하나가 말했다.

"조심해서 놀아, 지도자를 건드리면 안 돼. 건드리면 그가 우리를 죽일 거야."

다른 사람이 말했다.

"지도자는 누구야? 그 사람은 디아야. 그는 우리를 어떻게 죽일까? 만약 디아가 강한 자라면 중간 소마투도 힘이 세잖아. 만약 디아가 중간 소마투를 죽인다 해도 큰 소마투는 죽이지 못할 거야."

그들 중 하나가 또 말했다.

"너는 바보 같은 소리를 하는구나. 더 조용히 말해, 그가 들을지도 몰라."

저녁에 디아는 천막집에 들어갔고 소마투는 집으로 돌아갔다. 디아는 그의 집에 놀러 갔다. 디아가 말했다.

"이봐, 소마투. 너에게 형제들이 있지?"

"형제는 없어. 나 혼자야."

디아가 말했다.

"이봐, 소마투, 너는 왜 핏줄을 숨기는 거야? 밤에 내 한쪽 귀와 한쪽 눈은 잠들지 않고 모든 것을 보고 모든 것을 들어. 먼 거리일지라도 조용히 이야기해도 난 다 들을 수 있어. 난 너에게 둘째 형과 큰형이 있다는 것을 알고 있어. 내일 둘째 형에게로 가. 그가 나에게 동조한다면 자신의 딸을 선물로 달라고 해. 아니면 장작과 물을 가지고 오라고 해."

그는 자신의 형에게로 갔다. 저녁에 도착했다.

형이 말했다.

"왜 온 거니? 전엔 한 번도 오지 않더니."

소마투가 말했다.

"우리 집에 신과 같은 아주 강한 사람이 있어. 이 사람이 나를 이리로 보냈어. 이 사람이 말했어. 형이 자신의 딸을 선물로 주고 형이 직접 자기에게로 와서 일하라고, 그리고 장작을 패고 물을 길으라고 말이야. 만약 그렇게 하지 않으면 내일 형에게로 와서 죽이겠대."

이 둘째 형은 생각했다.

"딸을 주고 내가 제 발로 그에게로 가는 것이 더 낫겠어. 나도 살아야지."

막내 소마투는 집으로 갔고 디아가 말했다.

"그가 동의했어?"

"동의했어."

다음 날 둘째 소마투가 와서 그에게 굴복했다. 디아에게는 세 명의 아내가 생겼다. 디아 자신은 손으로 고기를 잡지 않고 포크를 잡는다. 저녁에 그는 기름진 암순록을 대접받았다. 디아가 말했다.

"나는 배고파. 기름진 암순록을 잘라 줘."

둘째와 막내 소마투는 하나는 장작을 패고 다른 하나는 물을 길으러 갔다.

디아는 막내 소마투에게 말했다.

"너희에게는 또 형제들이 없어?"

소마투가 말했다.

"우리에게는 더 이상 형제가 없어요. 또 하나가 있었는데 오래전에 죽었죠."

디아가 말했다.

"아니, 거짓말을 하고 있어. 너희에게는 큰형이 또 있어. 내일 그에게로 가. 나에게 복종한다면 딸을 선물로 달라고 해, 만약 그에게 딸이 있다면 말이지."

소마투가 말했다.

"그는 동의하지 않을 거요. 그에게로 가는 건 소용없는 짓이오."

디아가 말했다.

"가, 가라고. 그가 와서 딸을 주게 해. 만약 가지 않으면 너를 죽이겠어."

소마투가 갔다. 저녁 무렵에 형의 천막집이 보였다. 천막집에서 불이 피어오르고 이 불은 하늘까지 닿았다. 막내 소마투가 이 불을 보면서 말했다.

"형, 전 나쁜 의도는 없어요."

그는 천막집으로 들어갔다. 그의 형은 앉아 있었다. 그에게는 아내, 딸과 어린 아들이 있다. 형의 머리는 백발이었다. 형 소마투가 말했다.

“왜 여기 온 거니? 필요한 게 있어?”

동생 소마투가 말했다.

“우리 집에 신처럼 강한 사람이 있어. 그가 형이 자기에게 연합하는 의미에서 딸을 자기에게 주고 형은 물을 긷고 장작을 패는 일을 하라고 하면서 나를 보냈어.”

형 소마투는 웃었다.

“나는 가지도 않고 딸도 주지 않을 거야. 내가 제 발로 가서 강한지 아닌지 시험해 볼게. 그때까지 딸은 주지 않을 거야. 만약 그가 나를 죽이면 그때 내 딸을 공짜로 데리고 가라고 해. 집으로 가. 내일 나는 너의 집에 있다는 강한 사람을 보러 갈 것이다.”

막내 소마투는 집으로 갔다. 디아는 그의 천막집으로 그 부자가 올 것인지 아닌지를 알아보러 갔다. 디아가 말했다.

“그래, 형이 오겠대?”

“아니요, 오지 않을 겁니다. 내일 자신이 얼마나 강한지 보러 오겠답니다. 딸은 주지 않을 것이고 만약 자신을 죽이면 공짜로 가지랍니다.”

아침 일찍 형 소마투가 왔다. 형 소마투는 디아의 천막집으로 그가 얼마나 강한지 보러 갔다. 형 소마투가 말했다.

“너는 누구냐? 왜 왔지? 왜 나를 부른 것이냐?”

디아가 말했다.

“왜 너는 나에게 묻는 것이냐? 왜 너의 딸을 데리고 오지 않았지? 이제 내가 너를 죽일 것이다.”

형 소마투가 말했다.

“죽여 봐. 누가 이기는지 보자. 서로 화살을 쏘아 보자.”

그들은 밖으로 나갔다. 디아는 활이 있는 썰매에 탔다. 형 소마투는 말했다.

“해 봐, 우선 나를 쏘아 봐.”

디아가 소리쳤다.

“이봐, 여보, 어디 갔어? 화살을 쏘아. 그렇지 않으면 내가 화살을 손에 쥘 수 없어.”

시히오의 딸인 아내가 왔다. 그녀는 망치를 올리려고 했다. 올릴 수가 없어서 화살을 놓으려고 했지만 힘이 없었다.

“가 봐, 막내 소마투, 너 어디 간 거야?”

막내 소마투는 화살을 놓으려고 했지만 무거웠다. 망치를 들려고 했지만 무거웠다.

“둘이서 들어 올려.”

그들은 둘이서 들어 올리려고 했지만 할 수 없었다.

“가 봐, 내가 너희는 힘이 없다고 했잖아.”

형 소마투가 말했다.

“네가 직접 들어 올려 봐.”

디아가 말했다.

“내가 들어 올릴 거야. 난 그런 것들은 들어 올리지 않아. 우선 활을 쏘아. 그런 다음 내가 너에게 해 볼 테니.”

형 소마투는 말했다.

“그럼 내가 너에게 쏠 테다.”

화살 하나를 쏘았다. 쏘자 눈보라가 일어났다. 그는 눈보라가 사라지기를 기다렸다. 눈보라가 지나갔다. 디아는 어딘가로 사라졌다.

형 소마투가 말했다.

“정말 신이구나. 어딘가로 숨었어.”

그는 하늘에 소리쳤다.

“화내지 마시오. 난 장난으로 활을 쏜 것이오. 딸을 거저 주리다.”

그런 다음 눈을 파냈다. 손, 다리, 머리, 다른 손을 발견했다.

소마투가 웃었다.

“난 정말 신이라고 생각했어. 바로 이 사람이 너희들의 강한 사람이야.”

그들은 제자리로 갔다. 시히오의 딸은 집으로 돌아갔고 디아에 대한 이야기가 끝났다.

바루치[8]의 모험

디아가 있고 그에게는 한 팔, 한 다리만 가진 동생 바루치가 있었다. 바루치는 영원히 그런 사람으로 살았다. 순록이 대략 열 마리 정도 되었다. 그들은 어머니와 함께 살았다. 디아, 그는 내내 야생 순록을 사냥하고 바루치는 무리를 지켰다.

한번은 작은 개천가에 멈췄다. 작은 개천은 물길이 세지 않았다. 낮에 열 마리의 순록이 강을 건너갔다. 바루치가 순록들에게 말했다.

"왜 너희는 강을 건너가니? 왜 신발을 적시지?"

바루치는 칼을 잡고 살아 있는 순록 열 마리에게서 모든 가죽을 벗겼다. 순록들에게 말했다.

"이제 강을 맨발로 걸어가, 신발이 젖지 않을 거야."

저녁에 형이 돌아왔다. 바루치가 말했다.

"형의 순록들은 왜 그렇게 바보 같지, 아무것도 모르죠?"

형이 말했다.

"순록들이 뭘 이해 못 한다는 거야? 순록은 먹이기만 하

---

8) 한 팔, 한 다리만 가진 민담 속의 존재.

면 돼."

"아무것도 몰라요. 순록들이 강을 건너는데 부츠를 적시는 거예요."

형이 말했다.

"어떤 부츠? 순록들은 부츠를 신지 않아."

"발에 신고 있던데, 그들이 신은 건 뭐예요?"

"그들은 부츠를 신지 않아, 가죽이야."

"그들의 부츠를 모두 제가 벗겼어요. 강을 건너는데 부츠가 젖지 않도록."

"너, 바루치, 왜 순록들을 그렇게 만든 거야? 순록들이 죽었을 거야. 왜 가죽을 벗긴 거지?"

바루치가 말했다.

"전 그게 부츠라고 생각했어요. 부츠가 젖을까 봐 안타까웠어요. 가죽인지 몰랐어요."

가죽이 벗겨진 순록은 모두 죽었다. 가죽이 벗겨진 채 순록은 살 수 없을 것이다. 형이 말했다.

"바루치는 어딘가에 버려두어야 해. 내가 오래 살지 못하면 그는 많은 일을 저지를 거야."

그들은 유목을 떠났다. 걸어서 천막집을 끌고 갔다. 디아는 앞에서 걸었다. 호수 하나를 발견했다. 이 호수의 얼음에 구멍을 뚫었다.

“바루치, 이리로 와. 여기 얼음 구멍에 많은 국민이 보이지. 그들은 제멋대로 하고 놀고 있지.”

바루치는 계속 보다가 한 발로 얼음 구멍의 물속으로 들어갔다. 바루치는 물밑으로 갔다. 그의 형은 더 멀리 갔고 유목을 떠났다. 이후 3일이 지난 저녁에 한 사람이 와서 문을 열었다.

“내가 물에 빠뜨린 바루치가 오고 있네.”

바루치는 큰 치르(커다란 물고기 종류) 열 마리를 가지고 와서 말했다.

“형, 형이 물고기를 잡으라고 나를 보냈구나. 난 형에게 물고기를 가지고 왔어.”

‘그는 어떤 인간이지? 그는 어떻게 여기로 온 거지? 내가 오래 살려면 뭔가를 해야 해.’ 디아는 생각했다.

한번은 다시 그들이 유목을 떠났다. 커다란 긴 나무를 발견했다. 디아는 이 나무 꼭대기에 올라갔다.

“이봐, 바루치, 이 나무에서 온갖 땅이 보여. 매우 재미있다.” 바루치는 형에게로 올라갔다. 디아는 거기서 그를 잡고 밧줄로 나무 꼭대기에 묶었다. 그를 밧줄로 묶고 거기에 내버려 두었다. 디아는 말했다.

“바로 여기가 네가 있을 곳이야.”

그는 대략 5킬로미터 정도로 멀리 떨어지지 않은 곳으로 갔고 다시 멈췄다. 2~3일 동안 거기서 지냈다. 저녁에 한 사람이 왔다. 묶여 있던 바루치가 오고 있었다.

"형, 형은 장작이 필요했던 모양이구나. 형은 나에게 장작을 패라고 남겨 두었어. 1년치 장작을 가지고 왔어."

디아가 말했다.

"바루치는 어떤 인간이지? 난 그를 밧줄로 꽉 묶었는데. 좋아, 널 더 이상 건드리지 않을게, 잘 살아. 그렇지 않으면 넌 날 순록 없이 버려둘 테니까."

2~3일 동안 그들은 여기서 지냈다. 그런 다음 바루치는 사냥을 갔다. 그는 멀지 않은 곳에서 커다란 호수를 발견했다. 호수는 설치된 망들로 가득했다. 바루치는 이 망을 꺼내기 시작했다. 그는 모르고 두세 개의 망을 들여다보았다. 물고기가 가득했다. 그는 말했다.

"달처럼 보이는데 걸어가는 게 뭐지?"

그건 달이 아닌 것 같았다. 눈이 하나인 시히오인 것 같았다. 시히오는 그에게로 다가왔다. 시히오가 말했다.

"넌 누구냐? 왜 나의 망을 들여다본 것이냐?"

바루치가 말했다.

"네 망이 어디에 있다는 거야? 이건 내 오래된 망이야. 내가 태어날 때 우리 아버지가 이 망들을 여기 둔 거야."

시히오가 말했다.

"왜 거짓말을 해. 난 얼마 전에 이 망들을 뒀어."

"아냐, 정말 내 망이야. 거짓말 아냐. 좋아. 말로 해서 결코 끝나지 않겠어. 샤이탄[9]들을 여기에 데리고 오는 게 좋겠어. 너에게 샤이탄이 있어?"

시히오가 말했다.

"있어."

"내일 이른 아침에 샤이탄을 데리고 와. 나도 내일 일찍 샤이탄을 데리고 올게."

좋아, 시히오도 동의했다. 시히오는 망을 하나도 보지 않고서 떠났다.

바루치도 집으로 갔다. 바루치는 아침 일찍 일어났다.

"어머니, 옷을 입으세요. 이제 가요."

자신의 작은 썰매를 끌고 갔다. 그들은 호수로 갔다. 어머니에게 말했다.

"전 어머니를 샤이탄으로 만들 거예요. 썰매 위에 네 발로 서 계세요."

노파는 그렇게 일어섰다. 바루치는 그녀의 얼굴이 보이지 않게 얼굴을 숙이게 했다. 시히오가 왔고 썰매 하나를 끌고 왔다. 바루치가 말했다.

---

9) 나무, 돌, 철 등등에서 나오는 신의 형상. 도와주는 역할을 한다.

"시히오, 바로 이것이 나의 샤이탄이야, 봐, 너의 샤이탄을 보여 줘."

시히오가 나무로 만들어진 사람을 보여 주었다. 바루치는 말했다.

"샤이탄에게 말하자. 내가 먼저 말할게. 샤이탄, 들어 봐, 시히오가 망을 거둬 가려고 해. 그는 이것이 자기 망이라고 말해. 이건 나의 아버지의 망이야. 그것이 사실인지 아닌지 말해 봐."

바루치가 썰매를 앞으로 흔들었다. 노파는 그때 말했다.

"그건 바루치 아버지의 오래된 망이야."

바루치가 말했다.

"봐, 시히오, 들었지? 샤이탄이 이건 디아의 망이라고 하잖아. 너의 샤이탄에게 말해. 너의 샤이탄이 너의 망인지 아닌지를 말하게 해."

시히오는 몇 번 자신의 샤이탄에게 물었다. 그 샤이탄에게는 입이 없는데 어떻게 말하겠어? 바루치가 말했다.

"그럼 내가 옳다는 거지."

시히오는 얼음 위에 앉아서 말했다.

"몰라, 너의 샤이탄이 사실인지 아닌지 말했잖아. 나의 망이었어. 너의 샤이탄이 말했다면 가져."

바루치는 말했다.

"샤이탄이 나의 망을 가져갈 거라고 말했으니 당연히 너는 더 이상 나의 호수에 오지 마."

시히오는 집으로 갔다. 바루치는 망을 보았다. 그 망들은 그의 것이 되었고 그 안에서 모든 것을 꺼냈다. 시히오가 보지 않을 때 그는 자신의 어머니를 풀어 주었다. 어머니와 웃었다.

"잘됐어요. 많이 잡힌 망을 골랐어요. 얼음을 뚫지 않아도 이제 물고기를 먹을 수 있어요."

물고기를 모두 썰매에 싣고 천막집으로 갔다. 바루치는 거기서 3일을 지냈는지, 4일을 지냈는지 몰랐다. 그는 어머니와 형에게 말했다.

"난 이제 싸우러 갈 거야. 시히오를 죽여야 해."

디아가 말했다.

"네가 시히오를 어떻게 죽여? 너는 손이 하나고 다리가 하난데. 그는 건강한 사내야. 건드리지 마. 그냥 조용히 살게 내버려 둬."

바루치가 말했다.

"아냐, 아냐, 내가 정신이 있을 때 갈 거야. 난 그 누구에게도 지지 않을 거야."

바루치는 갔다. 며칠 동안 걸어서 사람들이 유목을 했던 새 천막집 터를 발견했다. 천막집 터에서 떨어져 있는 송곳

하나를 발견했다. 바루치는 송곳에게 말했다.

"나와 싸우러 가지 않을래?"

그는 가면서 둘러보았다. 송곳은 그 뒤를 따라왔다. 다시 계속 걸어서 새 천막집 터를 발견했다. 낡은 가죽 끈 하나를 발견했다.

"가죽 끈아, 나와 싸우러 가지 않을래? 난 시히오의 땅으로 가고 있어."

두 발짝을 걸었다. 가죽 끝이 뒤를 쫓아왔다. 그런 다음 멀리 가지 않아서 다시 천막집 터를 발견했다. 거기서 여자 하나가 바늘을 부러뜨리는 것이 보였다. 바늘의 반을 발견하고 바루치가 말했다.

"바늘 절반아, 나와 싸우러 가지 않을래? 난 시히오에게로 가고 있어."

세 걸음을 떼고 보았다. 바늘 절반은 뒤를 따라왔다. 다시 걸었다. 천막집 터에 돌공이를 발견했다.

"공이야, 나와 싸우러 가지 않을래? 난 시히오의 땅으로 가고 있어."

바루치가 두 걸음을 떼고 보니 돌공이가 그와 나란히 걷고 있었다. 멀지 않은 곳을 지나 천막집 터에서 생선 부레를 발견했다. 바루치는 말했다.

"생선 부레야, 나와 싸우러 가지 않을래?"

두 걸음을 걸으니 생선 부레 역시 나란히 걷고 있었다. 그다음에 또 하나의 천막집 터를 발견하고 거기서 쟁기를 발견했다.

"이봐, 쟁기야, 나와 싸우러 가지 않을래?"

두 걸음을 걷고 보니 쟁기가 나란히 걷고 있었다. 시히오의 땅은 멀지 않은 곳에 있었다. 그는 하루 동안 걸었고 점심 무렵에 쥐 한 마리를 발견했다.

"쥐야, 나와 시히오의 땅으로 가지 않겠니? 나는 싸우러 가."

쥐가 말했다.

"왜 안 되겠어? 난 동의해."

바루치는 말했다.

"오늘 저녁에 시히오의 천막집에 도착할 거야."

정말 그들은 천막집에 도착했다. 언덕처럼 큰 천막집이 있었다. 바루치는 말했다.

"이제 시히오를 어떻게 죽일지 의논해 보자. 가죽 끈아, 천막집의 끝에 달라붙어. 송곳아, 넌 문 옆에 서 있어. 공이야, 너도 문 옆에 있어. 바늘아, 그의 부츠 밑창 밑에 기어 들어가. 쟁기와 생선 부레는 아궁이 안에서 준비해. 쥐야, 너는 배 아래로 들어가 할퀴어. 난 앞 구석에서 기다릴 거야."

가죽 끈은 막대기에 매달려 있고 바늘은 부츠 안으로 기어 들어갔으며 공이와 송곳은 문에 서 있고 생선 부레와 쟁기는 아궁이로 기어 들어갔다. 시히오가 코를 골며 잠에 곯아떨어졌다. 쥐는 담요 안으로 기어들어갔다. 시히오가 말했다.

"뭐가 이렇게 심하게 할퀴고 있지? 봐야겠다."

침대를 들어 올렸다.

"부츠 안에 떨어져 있는 것이 매우 아프네, 불을 켜야겠어."

쟁기를 보고 말했다.

"통나무구나."

불을 지피자마자 생선 부레가 아궁이 안에서 터져서 모닥불이 확 타올랐다.

시히오는 연통 안으로 뛰어 들어갔다. 거기서 가죽 끈이 천막집의 막대기를 강하게 잡아당기면서 그를 붙잡았다. 시히오는 다시 문 쪽으로 갔다. 둥근 돌공이에 두 다리가 걸렸다. 그는 굴렀고 시히오 노인은 뒤로 넘어졌다. 여기서 송곳이 그의 심장을 찔렀다. 시히오 노인은 그 순간 죽었다. 바루치가 말했다.

"잘했어, 나의 군사들이여, 시히오가 죽었다. 이제 모든 땅은 편안하게 살게 될 거야. 이 시히오는 걸어 다닐 때 사람들을 발견하고 먹어 치웠으니까. 이제 편안히 살 거야. 나의 군사들은 자기 자리로 가, 난 곧장 집으로 갈 거야."

그는 천막집으로 갔다. 바루치는 붙어 있는 두 개의 호수를 발견했다. 한 사람이 호수 사이에 앉아 있었다.

"호수 사이에서 뭘 하세요?"

"태어날 때부터 여기 살았어. 난 두 호수에서 일해."

"어떤 일을 하세요?"

"내가 두 호수의 물을 다 마셔. 그러면 한 방울도 남지 않지."

"거짓말, 얼마나 배가 커서 그걸 다 마셔요? 배 하나로 두 호수의 물을 다 마실 수 있죠? 해 보세요, 마셔 봐요, 내가 당신을 보고 있을 테니."

그 사람이 물을 끌어 내자 호수는 모두 말라 버렸다. 물고기는 마른자리에 남아 있었다.

"재미있네요. 믿을게요."

사람이 물을 도로 뱉어 내자 호수의 물이 이전처럼 가득 찼다.

"나의 일을 봤지?"

"봤어요. 여기 계세요."

바루치는 집으로 갔다. 부러진 도끼 같은 둥근 구멍을 발견했다. 중간에 한 사람이 있었다.

"구멍 안에서 뭐 하세요?"

"난 태어날 때부터 이 구멍 안에 계속 살고 있어."

"여기서 뭘 하세요?"

"내가 이리저리 머리를 흔들면 그 어떤 구멍도 없게 되고 초원이 생기지."

"믿을 수 없어요. 그런 구멍에서 어떻게 초원을 만들어요? 해 보세요. 제가 당신을 지켜볼 테니."

그 사람은 두 번 머리를 흔들었다. 바루치는 그 어떤 구멍도 없어지고 편평한 초원이 생기는 것을 보았다.

"정말이네요. 당신이 구멍에서 초원을 만드는 것을 믿을게요."

바루치는 계속 갔다. 자신의 천막집에 도착했다. 어머니에게 말했다.

"저는 이것저것 발견했어요. 시히오는 그렇게 죽었어요." 어머니가 말했다.

"잘했구나, 이제 우리 모든 사람들은 편안히 살게 됐어. 전에 시히오가 우리 사람들을 너무 많이 먹었거든. 이제 우리 사람들은 자기 아이들을 키울 수 있게 되었구나."

이 모든 것을 바루치가 했다. 디아만 천막집을 지키고 사냥했다.

시오시쿠

한 노파가 예니세이 기슭에서 살았다. 노파는 통나무를 모으러 갔지만 숲은 없고 다만 나무토막들만 있었다. 너무 늙어서 겨우 걸어 다녔다. 노파는 죽을 일만 남았다. 천막집 뒤편 거리에서 나무토막을 모아 집에 와서 말했다.

"왜 이 장작들은 불이 붙지 않는 거지?"

계속 쌓아 올리고 보았다.

"내가 장작 대신에 인간 뼈와 다른 온갖 뼈를 모아서 우리 집이 따뜻해지지 않는 거야."

두 번째는 좀 더 멀리 갔다. 거기서 여러 쓰레기를 모아서 불을 지폈다.

"그래, 물을 떠 와야겠어. 물을 가져와야 해. 나에게는 아무것도 없어. 물이라도 마셔야겠지? 난 거의 1년을 배고프게 살고 있어. 고기 조각도 없고 생선 조각도 없이."

노파는 물을 길으러 갔다. 솥을 들고 물을 푸기 시작했다. 겨우 자신의 솥을 채웠고 또 바가지로 푸기 시작했다. 마지막 바가지를 펐다.

"왜 물이 우유처럼 하얗지?"

노파가 퍼 올렸다.

"바가지에 무엇이 걸린 거지?"

손을 넣어서 바가지로 건드렸더니 물고기가 딸려 왔다. 물고기는 시끄러운 소리를 냈고 우유 빛깔의 물고기 때문에 노파의 바가지가 꽉 찼다. 물고기는 바가지에서 도로 뛰어 나갔다.

"아이고, 더러운 물고기 같으니. 꼬리를 쳐서 나한테 물을 끼얹었어. 내 천막집에 물을 끼얹으면 내가 물속에 잠기겠어. 바가지를 겨우 떨어뜨리지 않았군. 무슨 물고긴지 전에는 본 적이 없는데. 난 너무 늙었어."

노파는 또 물을 길어서 천막집으로 가지고 갔다. 한 손에는 솥을 들고 다른 손에는 바가지를 들었다. 노파는 집에 도착해서 솥을 걸고 소매로 눈물과 침을 닦으며 생각했다. 불을 피우면서 말했다.

"아이고, 내가 왜 사는 거야? 괴로운 것보다 신이 빨리 나를 데려가셨으면 좋겠어. 약한 불, 불이 약하니 뜨거운 물만 홀짝거려야겠군. 이게 무슨 사는 거야, 죽는 게 낫지. 왜 신은 지금까지 죽게 해 주시지 않는 건지."

노파는 솥을 끓이고 자신의 신세 한탄을 했다.

"오래 살았어. 사람들도 많아졌고 땅도 많았지만 천막집들이 들어설 땅과 강의 곶이 부족할 정도야."

솥을 꺼내고 위쪽으로 옮겼다. 솥을 놓고 바가지로 뜨거운 물을 펐다. 노파가 퍼서 입으로 가져가서 한 번 마시고 또 마셨다.

"1년 이상 이 물을 마셨지만 물맛이 얼마나 여러 가진지 모르겠어. 이건 뭔가 다른 맛이네, 마치 생선 수프 맛이야. 생선의 향이 느껴져. 좋아, 세 번째 퍼서 맛을 보자."

"아침에 나머지를 먹고 조금 먹는 게 좋겠어. 내 속에 뭔가가 들어가는 느낌이네."

노파는 돌아서 누웠다. 잠이 들었다. 아침에 일어나 솥을 다시 올려놓고 불을 지폈다. 솥이 끓었고 다시 홀짝거리며 어제 저녁처럼 말했다.

"생선 수프 같아."

노파는 다 마셨다. 솥이 너무 작아서 두 번 먹으니 끝났다. 아무것도 없이 맹물만 마셨다.

"1년 동안 물을 마셨어. 근데 그 안에 뭔가가 있어. 그냥 물이었으면 오래전에 배고파 죽었을 거야."

노파는 솥을 비우고 말했다.

"우선 장작을 모으고 물을 뜨러 가야겠다. 고통스러워, 빨리 죽어야 할 텐데."

그녀는 장작을 모으고 다시 물을 뜨러 갔다.

"다시 물고기가 오지 않을까? 그렇지 않으면 나를 끌고 가든가. 정말 이 물고기가 나에게 생선 수프 같은 물을 준 걸까? 예니세이의 물은 이렇게 신선하게 흐르는데 그 물은 우유 같았어. 그런 물을 다시 퍼 올릴 수 있을까. 퍼 올리는 게 좋겠지. 내 생각에는 그 물은 물고기로 만들어진 것 같아. 사실 물고기가 시끄럽게 소리칠 때 입에서 나온 것일 거야."

다시 물을 퍼 올렸고 바가지를 물과 나란히 쥐고 있었다.

"아냐, 이 물은 검어. 내 바가지 물은 하얀색인데. 여기에 차이가 있어. 이건 뭔가 다른 물이야."

그런 다음 노파는 솥을 채우기 시작했고 마지막 바가지를 좀 더 멀리 집어 넣었다. 다시 바가지를 잡아당겼다. 끌어당기자 물고기가 왔다. 입이 크고 넓었다. 노파가 바가지를 자기 쪽으로 잡아당기자 물고기가 다시 바가지를 이빨로 잡아당겼고 노파의 천막까지 올라갈 정도로 꼬리로 물을 튀겼다.

"크고 건강한 물고기군. 이 물고기는 평범한 물고긴데. 남편이 살았던 그때, 다른 사람이 연어가 있다고 했어. 정말 이 물고기가 그 물고긴가? 아니야, 이건 단순한 물고기가 아니라 어떤 물의 정령이야."

노파는 바가지를 자기 쪽으로 잡아당겼다. 바가지 속에는 우유처럼 진한 물이 있고 솥에도 마찬가지였다. 노파는 바가지 속을 들여다보았다. 어딘가에서 흰 다리의 갈매기 같기도 하고 아비새 같기도 한 새의 소리가 들리는 것 같았다.

"에이, 에이."

마치 아이가 우는 것 같기도 했다. 노파가 귀를 기울이니 물에서 갓 태어난 아이의 것 같은 작은 손과 손바닥이 나왔다.

"이리 와, 보자꾸나."

노파는 바가지를 기울여 반을 솥에 부었다.

"아냐, 이건 아비새도, 갈매기도 아닌 아이야. 아이는 물고기의 어디서 나온 거지."

노파는 솥을 꽉 쥐고 바가지도 꽉 쥐었다. 그러나 솥 안에도 바가지 안에도 물이 진해졌다. 노파는 집으로 와서 솥을 걸고 바가지를 아이와 함께 놓았다.

"아이, 아이."

노파는 불을 지피고 중얼거렸다.

"나의 말년에 이런 기적이 일어나다니. 하늘의 신이 나를 도와주라고 보내신 건지, 물의 신이 보내신 건지, 이 아이는 나를 먹여 살리라고 보내신 거야."

불을 지피고 바가지를 잡았다.

"내가 바가지에 물을 덜어 내려고 해 보자. 아이에게 입이 있을 거야. '아이, 아이' 하고 소리치잖아."

노파는 바가지를 아궁이 모서리에 놓고 보았다.

"사내아이군. 이 아이에게는 남성이 갖춰야 할 것들이 다 있어. 입, 코, 다리, 손, 인간이 가져야 할 것은 모두 다 있군."

뒤집었더니 인간으로서 가지고 있는 모든 것이 있었다. 노파에게는 매머드의 뼈로 만든 작은 숟가락이 생겼다. 전에 우리는 매머드 숟가락을 모두 가지고 있었고 러시아 숟가락은 없었다. 사람들은 숟가락을 제 손으로 만들어 썼다. 이제 이 숟가락으로 바가지에서 물이나 우유, 또는 생선 수프를 펐다.

"이걸 먹어 보자."

노파는 이 물을 입안으로 넣어 보았다. 아이는 새처럼 노파를 자기 쪽으로 당기며 말이 없었다.

"이 아이를 포대기로 싸야겠다. 이 아이는 정령이 아니라 인간의 아이니까."

솥은 걸려서 끓고 있었다. 바가지를 침대 모서리에 놓고 밖으로 갔다. 노파는 계속 걸어 다녔다. 천막집 덮개가 닳을 대로 닳아 없어진 장대를 발견했다. 낡은 요람으로 달려갔다. 요람의 끝이 끊어져 버리고 박살이 났다. 이 요람은 커다란 아이용은 아니었다. 이것은 우리 남자들이 배 속의 아이에게 내장이 생길 때 작은 요람을 만들어 아주 갓난아이들을 놓기 위해 만든 것이다.

"바가지에서 이리로 옮기면 되겠네. 그런데 무엇으로 포대기를 하지?"

노파는 다른 길로 해서 천막집으로 돌아갔다.

"이건 뭐지? 넝마 같은 천막집 덮개가 이끼로 뒤덮여 있네."

노파는 덮개를 들어 올렸다.

"이걸 가져갈 수 있다면 내 아이에게 마침 알맞겠어."

노파는 잡아당겼지만 덮개는 뻣뻣했다. 모피 천을 살펴보니 뻣뻣했고 연기에 그을려 있었다.

"어디서 썩는 냄새가 나지? 한 번도 이런 썩는 냄새는 맡아 본 적이 없어."

노파는 집으로 가서 천을 불에 말렸다. 천이 마르자 썩은 밧줄을 갈았다. 버드나무를 아치형으로 구부렸다. 자신의 아이를 포대기로 감쌌다. 포대기로 감쌀 때 아이는 내내 말이 없었다.

"좋아. 바가지 안에 음식이 있지. 음식을 부어 버리지 말아야지."

노파는 아이의 몸을 따뜻하게 해 주려고 불 옆에 놓고 숟가락으로 음식을 떠먹여 주었다. 아이는 말없이 잠이 들었다. 아이는 내내 잤고 노파는 솥을 꺼내 음식을 먹었다. 그녀는 먹고 잠이 들었다. 팔 사이에 요람을 놓고 자신의 모피 옷으로 덮었다. 노파에게는 모피 옷이 하나여서 그녀가 덮을 담요가 없었다.

“나의 아들이 우는구나.”

천막집 안은 밝고 따뜻했다. 불을 지피지 않고 그녀는 아이에게 숟가락으로 음식을 떠먹였다.

“내 젖을 너에게 먹이면 좋을 텐데.”

노파가 가슴을 만지니 모든 것이 말라서 아무것도 없었다.

노파는 불을 지피고 식사를 했다.

“물을 가지러 가야겠다.”

노파는 물을 긷고 강물과 비교했다. 바가지를 들어 올리고 비교했다.

“아냐, 이것은 물이 아니야. 물에서 퍼 올리지만 왜 내 물은 하얀색인지. 비데 아무키(물의 정령)가 나에게 주는 거야. 이 물고기가 말이야. 물은 검고 밝지만 솥의 물은 하얀색이야.”

노파는 퍼 올렸고 마지막 바가지를 퍼 올렸다.

“내가 다른 쪽에서 퍼 올려 봐야지. 여기 좁은 길이 있군. 겨울에 얼음 구멍이 있던 이 자리에서 퍼 올려 봐야지.”

노파는 솥을 놓고 물을 퍼 올렸다. 이곳에서 검은 물을 뜨니 물도 검고 바가지에 있는 물도 검다.

"어떤 장소에서 일어나는 건지 알겠군. 물고기가 나에게 주는 물이거나 아니면 거기 물이 원래 그런 모양이야."

노파는 집으로 갔는데 솥에 물을 담아 들고 갔다. 불에 솥을 놓았다. 강에 가던 두 번째 날에 아이를 발견했었다.

"나의 아들을 봐야겠다. 그는 나에게 아들이 된 거지. 이 아이가 말이 없는데 질식한 건 아니겠지?"

노파가 불 앞에서 그의 포대기를 풀자 아이는 손을 내밀었는데 통통해져 살이 포동포동 올라 있었다. 완전한 소년이 되어 있었다. 손은 자유자재로 움직였고 노파의 가슴을 할퀴었다.

"내 아들아, 왜 할퀴니?"

노파가 가슴을 열어 한쪽 가슴을 내밀었지만 줄 수 없었다. 이미 남자 가슴처럼 말라 있었기 때문이다.

"주는 게 기쁘지만 말라 버렸어. 만약 네가 영리하다면 말라 있다는 걸 알겠지."

바가지에서 숟가락으로 퍼서 먹이고 풀 같은 새 기저귀를 놓고 아이가 배가 부른 것 같아 다시 포대기로 감쌌다. 노파는 솥을 치웠다. 아들은 가운데에 있고 노파는 모서리에 앉았다. 아이는 자지 않고 눈으로 요람 안을 보았다. 식사를 하는 내내 노파는 중얼거렸다.

"그렇지? 세상에, 신이 나에게 아들을 보내셨어. 아이가 클 때까지 내가 살아 있다면 저 아이가 나를 먹여 살릴 거야. 그렇지만 난 이틀, 사흘 정도 살 수 있을까, 죽음이 가까워 온 것 같아."

노파가 다 먹고 소년은 눈을 감았으며 노파는 불가에 앉았다. 일을 하려 하자 눈에서 눈물이 흐르고 입에서 침이 흘렀다. 무슨 일을 하겠어. 노파는 옷을 입었다.

"아들이 얌전히 있을 때 장작을 모으러 가야겠다."

노파가 아들을 보니 아들은 요람의 끝에서 끝까지 꽉 들어차 있었다. 노파는 나가서 장작을 모았다. 가지고 와서 불을 지폈다.

"물을 길으러 가야겠군. 아침까지 먹을 물이 없어."

노파는 물을 길으러 갔다.

"물고기가 나를 끌고 갈까 봐 두려워."

노파는 물가에 가서 물을 퍼 올리기 시작했다. 노파는 결코 말을 하지 않는 법이 없었다. 물과 대화를 나눴다.

"물을 퍼 올리는 곳의 물은 검은데 내가 퍼 올리면 물은 우유 같아져."

그 물고기는 없었다. 세 번째 날에도 나타나지 않았다. 노파는 집으로 가서 솥을 걸고 포대기를 풀고 아이를 요람에서 꺼냈다.

"맞아, 이 아이는 나의 행복이야. 그런데 뭘 먹지? 나는 아무것도 없는데 내 가슴은 말랐고 내 가슴에서는 아무것도 나오지 않아."

아이는 손을 올려 그녀의 가슴을 할퀴며 손을 자기 쪽으로 잡아당겼다.

"이 아이의 몸은 커졌어. 마치 달 같아. 거의 혼자 앉을 수 있겠어."

아이는 노파의 가슴을 할퀴고 자기 손을 뻗어 바가지를 가리켰다.

"정말 이 아이가 말한 건가? '바가지를 줘'라고?"

노파는 바가지를 잡고 숟가락에 물을 담아 주려고 했다. 아이는 두 손을 뻗어 바가지를 두 손으로 요구했다.

"그래, 네가 뭔가 아주 영리해졌구나."

아이는 바가지를 노파에게서 받아서 홀짝거렸다. 두 번, 세 번 홀짝거리더니 할머니에게 도로 주었다.

"내가 보니 버릇없어진 것 같고 힘이 더 세졌고 이제 요람에 앉아 있구나. 걸어 다니지 않을 뿐이지 손에 힘도 있고 요람이 이제 너에게 좁아. 이 아이가 하려는 대로 풀어 줘야겠어."

노파는 요람의 나머지 링을 풀어 주었고 아이는 요람에서 다른 쪽으로 떨어졌다.

"이런, 다쳤구나."

노파가 그와 이야기를 했다. 노파는 요람을 버리고 소년을 잡았다.

"어디로 떨어진 거야. 다치지는 않았어?"

팔에 안으려 했지만 아이는 제 발로 걸어서 노파에게로 걸어갔다. 노파는 앉아서 말했다.

"이렇게 행복하다니 신이 나에게 보내 주신 거야. 그렇지만 이 아이는 진짜 인간이 아니라 기이한 존재야. 어떤 인간이 3일 만에 스스로 먹고 걷겠어. 어쨌든 신이 나에게 행복을 주신 거야. 아이는 빨리 나에게 먹을 것을 가져다주겠어. 열흘 정도 지나면 되겠어."

그랬다. 소년은 어머니에게로 걸어갔다.

"너를 입힐 게 아무것도 없구나. 덮개를 조각내서 너에게 옷을 지어 주어야겠다."

노파는 포대기로 감싸면서 말했다.

"오늘 옷을 지어 줄게. 몸이 얼어 버리면 일어설 수도 없어."

노파는 천막집 덮개 조각으로 겨울옷과 내복, 사슴 가죽, 연기에 그을린 내복을 만들어 주었다. 저녁때까지 모든 것을 지었고 저녁을 먹고 잠자리에 들었다. 아침에 해가 뜨자 아이는 곁에서 어머니를 할퀴고 있었다. 손은 오래전에 자유자재로 움직였다. 그가 말했다.

"어머니, 일어나세요."

그가 말했다.

"불을 피우세요."

어머니는 등을 대고 누웠다.

어머니는 그의 말을 듣지 못했다. 아이는 자신의 다리를 잡아당겨서 요람에서 어머니 쪽으로 떨어졌다. 아이는 노파의 담요를 제쳤다.

"어머니, 일어나세요."

아이는 손을 흔들었다.

"우리 어머니가 깊이 잠들었네."

아이는 사람처럼 말을 잘하게 되었다. 아이는 노파를 깨울 수 없었고 노파 근처에 있는 모피 옷과 내복을 발견했다. 아이는 그것을 발견하고 입었다. 아이는 옷을 입고 다시 노파를 깨우기 시작했다. 아이는 모피 옷의 소매를 잡고 흔들었다.

"어머니, 일어나세요. 배고파요. 어머니도 배고프잖아요. 왜 이렇게 오래 주무세요?"

안 돼, 듣지 못해. 아이는 거의 반나절 동안 계속 깨웠다.

"우리 어머니는 너무 깊이 잠들었어. 입을 벌리고 눈을 뜨고 있어. 손은 흔드는 대로 움직이고 저기에 놓여 있고 다리도 그래. 어떻게 이렇게 깊이 잠이 들었지? 이제 난 어디로 가야 해? 먹을 것을 찾으러 가야겠어."

아이는 밖으로 나갔다. 넘어지지 않을 정도로 걸었다. 아이는 사흘 만에 커서 걸었다.

"어머니는 배가 고파서 오래 자고 있는 거야. 내가 어머니에게 드릴 먹을 것을 찾으러 가야겠어. 뭔가를 찾을 수 있을 거야."

아이는 물가를 따라 위로 갔다. 계속 걸었다. 아이는 어딘가에서 거품을 발견하고 옷자락에 놓고 손바닥으로 입안으로 밀었다. 아이는 걸어가면서 모든 것을 입안으로 밀어넣었다. 한번 어떤 오래된 나무줄기를 발견했다. 아이는 이 나무줄기에 앉아 한 손에 작은 막대기를 쥐고 있었다. 갑자기 쥐가 나무줄기 아래에서 달려갔는데 쥐는 앙상했고 긴 꼬리에 긴 코를 가졌다. 쥐는 아이의 다리 쪽으로 왔다. 아이가 쥐를 막대기로 때리자 쥐가 뒤집어졌고 다리만 흔들었다. 두 번째로 때리자 쥐는 조용해졌다.

"우리 어머니가 먹을 것을 찾았네."

아이는 어머니에게로 돌아갔다. 어머니는 아직 자고 있었다. 아이는 자신의 작은 다리로 어머니의 다리를 건드렸다.

"어머니, 일어나세요."

아이는 팔을 잡고 당겼다.

"어머니, 일어나세요, 제가 먹을 걸 가지고 왔어요."

안 돼, 입을 벌린 채 누워 있어. 눈도 뜨고 있어. 그녀의 입안에 이 쥐를 놓아야겠다. 아이는 이 쥐를 입안으로 밀어 넣었고 쥐는 안으로 더 들어갔다. 다시 깨웠다.

"어머니, 먹을 것을 가져왔어요. 일어나세요."

안 돼, 일어나려고 하지 않아. 그런 다음 노파의 옆구리를 자신의 작은 발로 건드렸다.

"이게 뭐야? 어머니의 몸이 비었어. 다리에 구멍이 나 있고 뼈는 흩어졌어."

"이게 뭔지 모르겠어. 어머니는 자는 게 아닌가?"

아이가 어머니의 몸 안에 있는 구멍에 손을 넣었더니 거기서 쥐, 벌레, 풍뎅이가 나왔다.

"이게 뭐지? 쥐, 커다란 쥐들이 있네. 내가 어머니 입안에 밀어 넣은 그 쥐가 아니야. 이게 무슨 일이지?"

아이는 문 쪽으로 가서 어머니를 보고 울지도 않고 말했다.

"어머니, 어머니, 어머니를 남겨 두고 가요. 좀 더 멀리 갈 거예요. 뭔가 좋은 것을 발견하면 가져다 드릴게요."

아이는 놀란 듯 돌아서서 밖으로 나갔다. 위로 걸어갔다. 아이는 계속 걸었다. 낮이 끝났다. 물속에서 거품을 발견하고 손바닥으로 모아 입안으로 밀어 넣었다. 밤낮을 보내도록 계속 걸었다. 두 번째 낮이 끝나고 두 번째 밤도 끝났다. 거품을 발견해 먹고 혼자 걸었다. 말한 지도 오래되었다. 3일이 지났다. 마지막 날 저녁에 앞에 개천이 보이고 기슭 위에 천막집 세 채가 있었다. 아래 기슭 위에 세 채의 천막집이 있는데 이것은 모래 기슭이었다. 그 집들은 햇빛을 받아 빛나고 있었다. 세 천막집은 모두 나무껍질로 덮여 있고 햇빛을 받아 붉었다.

아이는 이 천막집 쪽으로 갔다. 세 사람이 천막집 가운데 문 옆에 앉아 있었는데 세 남자가 나를 보는군.

한 사람이 말했다. "어떤 사람이 가네, 아주 작고 영리해 보이는군. 형제들, 봐 봐, 그의 다리만 반짝거려. 땅을 걷는 건지 아닌지 구분이 안 돼. 빨리 걸어."

그들이 말할 때 아이는 그들에게로 가서 그들 가까이에 섰다. 아이는 쥐를 때렸던 막대기를 쥐고 있었다. 버드나무를 깎아 만든 막대기였다. 살짝 움직였는데 막대기가 부러졌다. 너무 마른 버드나무였다. 아이는 자신의 가슴에 막대기 끝을 대고 그들 맞은편에 서 있었다.

어떤 사람들은 크고 어깨가 벌어졌고 뚱뚱했다. 나를 훑어봤어. 보니 한 사람은 머리가 하얗고 두 사람은 좀 더 젊었다. 머리가 하얀 사람이 말했다.

"이봐, 어디서 왔니? 너는 작고 용감하고 순수한 사내아이구나. 이름이 무엇이냐?"

"이름을 몰라요. 전 먹을 게 아무것도 없어요. 거품만 먹었어요. 거품을 먹으니 아마도 제 이름은 시오시쿠(거품)인가 봐요."

머리가 하얀 사람이 말했다.

"그래, 그렇구나. 이름이 거품이구나. 어디서, 어떤 땅에서 왔느냐?"

"전 땅을 몰라요. 사흘 낮밤을 걸었어요. 저의 눈만 볼 수 있어요. 저에게는 노모가 계셔요. 주무시고 계세요. 저 먼 곳은 아무것도 몰라요."

"이봐, 먹고 싶어? 배가 고픈 거야? 뭘 먹을래? 우리에게 먹을 것이 있어. 생선도 있고 고기도 있어."

머리가 하얀 사람이 천막집을 향해 소리쳤다.

"이봐, 여기 온 사람에게 음식을 대접해."

천막집에서 한 여자아이가 나왔다. 키가 나만 하고 온통 철을 입고 있었다. 다만 그녀의 가슴, 어깨, 사방이 반짝거렸다. 귀에는 사슬이 있고 머리카락에는 청동으로 된 머리 장식이 있다. 보는 것만으로 기분이 좋아지는 그런 아이였다. 아주 큰 키는 아니었는데 대 보지는 않았지만 나와 비슷했다. 머리가 하얀 사람이 자기 신발을 벗었고 모두 천막집으로 갔다. 나는 그들 뒤를 따라갔다. 그들은 천막집으로 들어갔다. 머리가 하얀 사람이 자리에 앉아서 말했다.

"들어와, 앞쪽 구석으로 들어와. 거기에 여자아이 근처에 앉아. 너에게 먹을 것을 줄 거야."

여자아이 근처에 앉았다. 그쪽을 보았다.

그에게는 아내가 있었다. 보니 문 근처에 앉아 있다. 그녀의 한쪽 눈은 눈썹 위에 있고 다른 한쪽 눈은 입 옆에 있다. 눈이 사팔뜨기였다.

모두 먹기 시작했다. 고기와 생선이 나왔다. 사내아이는 익숙해졌고 음식을 먹기 시작했다. 그런 다음 여자는 그에게 자신의 옷과 부츠를 주며 말했다.

"신어, 그리고 여자애와 함께 누워, 모피 옷으로 덮어."

여자는 그의 근처에 모피 옷과 부츠를 놓았다. 그러나 그는 이것을 입지 않았다. 사내아이는 샌들 같은 것을 신고 누웠다. 여자아이는 나란히 누웠다. 사내아이는 여자아이에게 돌아누웠고 밤새 그렇게 있었다. 사내아이는 밤새 잠을 잘 수 없었다. 여자아이는 사내아이 쪽으로 향해 있고 사내아이 밑에 손을 집어넣어 사내아이는 밤새 잠을 자지 못했다. 아침이 다가오자 여자아이는 손을 들어 자기 쪽으로 내 얼굴을 돌리게 했다. 밤에 천막집 안은 빛났고 철 때문인지 그녀의 얼굴 때문인지 반짝거렸다. 그녀는 한 손을 그대로 두고 나는 다른 손으로 그녀의 얼굴에 대고 휘둘렀다. 내가 화가 났다는 뜻이기도 하고 사랑하지 않는다는 뜻이기도 했다. 여자아이는 다른 쪽으로 돌아누웠고 그녀가 우는 소리만 들었다.

아침에 외눈 여자가 일어나서 불을 지폈다. 여자아이는 일어났다. 보니 그녀의 한쪽 눈이 터져서 온통 피투성이였다. 그러나 아무 말도 하지 않고 나는 그녀가 음식을 차리고 있는 것을 보았다. 그들이 일어났다. 그 노인은 아무 말도 하지 않았다. '왜 네 얼굴이 피투성이냐'고 말하지 않았다. 그들은 식사를 했다. 나는 앉아서 이 여자아이와 하룻밤을 보낸 대가로 먹었다. 내가 그녀의 눈에 피까지 나는 상처를 입혔지만 여자아이는 마치 화가 나지 않는 듯 아무 말도 하지 않았고 '왜 나를 때렸어?'라고 말하지 않았다.

그들이 다 먹었을 때 오빠 둘이 와서 내 옆에 앉았다. 그런 다음 두 여자가 그 천막집에서 왔다. 모두 와서 앉았을 때 나는 그들을 보았다. 그들 모두 똑같이 눈이 눈썹 위에 있었다.

노인이 말했다.

"야생 순록이나 털갈이하는 거위, 뭐가 걸리든 사냥하러 가자."

활, 화살들을 잡고 갔다.

"새로 온 사람은 쉬게 하고 다음에 우리와 같이 가게 해.

지금은 쉬게 해."

그들은 모두 갔으며 난 남았다. 나는 하루 종일 천막집에 누워 있었다. 낮이 저녁으로 가고 있었다. 이미 8월이다. 거위들이 털갈이하는 시기다. 저녁에 외눈 여자가 자기 딸에게 말했다.

"물을 가지러 가야 해, 곧 우리 사냥꾼들이 올 테니까."

그녀는 나갔다. 시오시쿠는 천막집에 누워 있었다. 누운지 얼마 안 되어서 다른 천막집에서 뭔가 고함 소리가 들렸다. 손위 외눈 남자가 소리쳤다.

"우리 딸을 물로 데리고 갔어."

나는 밖으로 뛰어나갔다. 물고기가 겨우 몸을 숨기고 꼬리로 쳐서 온 기슭에 물이 흘러내렸고 개천을 따라 물이 툰드라로 달려왔다. 세 명의 외눈 여자들이 툰드라보다 높은 곳으로 천막집을 끌고 가기 시작했다.

"어떤 물고기가 여자아이를 데리고 갔단 말이야? 우리 남자들은 우리에게 화를 낼 거야."

솥 하나가 기슭 위에 있다. 여자아이의 손에 있던 바가지가 남았다. 외눈 여자가 직접 가서 물을 푸고 가지고 와서 울었다.

"이런 세상에. 내가 딸을 키우고 가르쳤는데 이렇게 헤어지다니. 남편이 화를 낼 거야."

날이 어두워지고 사냥꾼들이 왔다. 순록 한 마리를 잡아 셋은 통째로 끌고 왔다. 나이가 많은 여자는 곧 밖으로 나와 말했다.

“큰일 났어요. 물고긴지 정령인지가 우리 딸을 납치했어요. 물고기가 물에서 튀어나와 잡아갔어요. 물이 온통 흘러나오고 천막집을 새로운 곳으로 옮겼어요. 어떻게 해요? 헤엄쳐서 가 버렸어요. 이 물고기는 어디서 온 거죠? 물고기가 아니라 물의 정령일 거예요.”

그들은 음식을 끓여 먹고 나서 잠자리에 들었다. 아침에 일어나서 머리가 하얀 사람이 말했다.

“아직 여름이니 야생 순록이나 털갈이하는 거위를 찾으러 가자. 그들이 털갈이를 할 시기다. 다음에는 얼음 밑에 있는 것을 사냥하러 갈 거야.”

그들은 가고 그는 다시 남았다.

“좋아, 쉬어, 우리는 사냥 가니까. 잘 먹어.”

그들은 떠났다. 그는 종일 천막집에 있지 않고 밖에 있었다. 사람들은 앉아서 일을 했고 그는 누웠다, 앉았다 하고 예니세이를 보며 생각했다.

‘여자애가 불쌍하다. 여자애는 착했는데. 그 아이는 내가 눈에 피가 날 때까지 때렸을 때 화를 내지 않았어. 그 아이에게 무슨 일이 있었던 걸까? 어쨌든 불쌍해. 만약 가지 않았다면 나중에는 내 여자가 되었을지도 몰라. 지금은 가 버렸지만. 큰 물고기는 어디서 왔는지 모르겠어. 난 지킬 거야. 물고기가 기슭으로 오면 내가 화살을 쏘아야겠어. 그렇지만 활이 없잖아. 내가 물고기를 죽이려면 물고기가 있는지 알 수 있도록 연구해야겠어.'

어두워졌다. 나의 외눈 여주인은 솥을 들고 천막집에서 물을 뜨러 갔다. 그녀가 물가로 가서 마지막 바가지를 퍼 올렸을 때 나는 강에서 파도가 치는 것을 보았다. 그녀는 보지 못했지만 물을 가르고 곧장 기슭으로 오는 것이 보였다. 나는 혼잣말을 했다.

"이런, 이런, 정말 여자애를 데리고 간 악마가 이 여자도 끌고 가려는 걸까?"

보니 외눈 여자가 마지막 바가지를 물속에 밀어 넣자 바로 큰 물고기가 왔다. 입을 벌리고 거의 1사젠[10] 되는 위턱을 올렸다. 아래턱은 물 밑에 있었다. 물고기는 여자를 손으로 잡고 끌어당겼다. 반쯤 입안으로 끌어 넣고 다시 물속으로 몸을 던지자 거의 천막에 이르기까지 물이 넘쳤다. 그는 모든 것을 보고도 소리치지 못했다.

"어머, 이게 무슨 일이야? 우리 큰언니를 악마가 끌고 갔

10) 거리 단위다. 1사젠은 2.134미터다.

어.” 외눈 여자 둘이 소리쳤다.

그들은 울면서 고함을 질렀다. 물을 길으러 가는 것이 두려워졌다. 그는 누워서 모든 소리를 들었다.

“당신들은 이런 것이 필요해요. 내가 이 일을 하게 되어서 기뻐요. 나는 첫 번째 여자아이를 불쌍하게 여겼어요. 당신들은 어떤 부정한 사람들이에요. 당신들 모두 끌려갈 거예요.”

이 여자들은 자신들의 천막으로 들어갔고 그는 자신의 천막으로 들어갔다. 해가 저물었고 세 남자가 왔다. 큰형인 남자가 말했다.

“나의 아내는 어디 있지?”

이웃 천막집에서 두 여자가 달려왔고 나는 물고기가 여주인을 끌고 갔다고 말했다. 이 남자는 울면서 말이 없었다.

“우리에게 그런 죽음이 닥쳤으니 뭘 해야 하지? 우리 모두 끌려갈 거야.”

그들은 고기를 끓였다. 저녁에 주인이 말했다.

“그들 중 밤에 지킬 사람이 누구인지 형제들에게 물어야 해. 물고기를 지켜야 하니까.”

저녁에 그는 형제들에게 말했다.

“너희 중에서 누가 보초를 설래? 막냇동생아, 네가 해. 활과 화살 두 대를 가져가. 첫 번째 것 말고 두 번째 것으로 해.

난 네가 잠이 드는지 볼 거야. 이제 서. 만약 잠들면, 물고기가 너도 끌고 갈 거야."

막냇동생이 보초를 섰다.

"자지 마."

모두 잠이 들었다. 우리 둘은 천막집에 홀로 남았다. 나는 밤새 잠을 잘 수 없었다.

한밤중에 밖으로 나갔다. 낮에 환한 것처럼 달이 강한 빛을 내고 있었다. 나는 밖으로 나가 보았다.

"보초는 어디 있지? 물을 길으러 가는 길에 있나 보다."

보초는 한 손을 머리 밑에 놓고 옆으로 누워 있었다. 활과 화살을 그 위에 놓고 있었다. 내가 보니 그는 물 쪽으로 다리를 두고 깊이 잠이 들어 있었다. 소리가 들렸다. 마치 누군가가 양동이로 물을 가르는 것처럼 다가왔다. 보니 그 큰 물고기였다. 거의 1사젠이 되는 입을 벌렸는데 아래는 물속에 있고 위는 위로 나와 있었다. 물고기는 물에서 튀어 올라 다리를 잡고 자기 쪽으로 당기며 삼켰다. 물고기는 몸을 돌렸고 기슭은 다시 물이 넘쳤다.

"이건 무슨 물고기지? 난 그 물고기를 세 번 보았어. 네가 입을 벌릴 때 너의 입안으로 화살을 쏘아야겠다. 너는 깊이 잠을 자서 자신의 죽음을 듣지 못했어. 좋아, 모두 끌고 가게 내버려 두자. 여자애만 불쌍하지. 난 여자애가 사람이라는 것을 알고 있어. 그 여자애는 내 생각에 오네이 엔네체(진짜 사람)가 아닌 것 같아. 여자들은 사팔뜨기고 키가 크며 어깨가 벌어져 있고 얼굴만 봐도 우리와 닮지 않았어. 여자애는 작고 우리 얼굴과 닮았어."

그는 집으로 돌아와서 잠자리에 들었지만 아무 말도 하지 않았다. 아침에 그들은 일어났다. 그 천막집에서 여자가 왔다.

"나의 남편은 어디 있어요? 전 아침에 물을 따라 걸었는데 그가 보이지 않았어요. 전 물가에서 활과 화살만 발견했어요."

머리가 하얀 남자가 말했다.

"악마가 데리고 갔군. 이 악마는 우리를 모두 끌고 갈 모양이야. 내가 내일 밤에 큰형으로 지키러 가겠어. 내가 그를 쏘겠어."

오랫동안 말을 한 저녁에 그들은 식사를 하고 머리가 하얀 남자가 보초를 서기 위해 갔다.

"내 생각에는 우리에게로 온 이 젊은 사람은 나에게 동료 같아. 만약 악마가 나를 잡아가면 그가 나를 구해 줄 거야."

"좋아요. 제가 자지 않을게요. 가세요. 그렇지만 저에게는 활이 없어요."

"왜 활이 없지? 내 동생의 활이 기슭에 있어. 그것을 가져."

"안 돼요. 고인의 활을 제가 가질 수는 없어요. 자신의 것이 없다면 타인의 활을 가지지 않을 거예요."

"좋아. 만약 내일 살아 있다면 내가 활을 만들어 줄게. 이 활들도 내가 만들었고 힘이 있다면 너에게도 만들어 줄게."

그는 가서 기슭에 앉았다. 시오시쿠는 혼자 천막집에 누웠다. 한밤중이 가까워져 생각했다.

'어떻게 하고 있는지 보자, 앉아 있는지 아닌지.'

시오시쿠는 밖으로 나가서 보았다. 그러나 아니다. 아직 앉아서 손을 움직이고 활을 가로로 쥐고 손에 화살을 쥐고 있다.

"좋아, 앉아 있군. 아니면 물고기를 죽이든지, 물고기가 그를 끌고 가겠지."

시오시쿠는 천막집으로 가서 잠자리에 들었다. 자다가 고개를 들었다.

"이미 해가 중천이야. 보러 가야지."

밖으로 가서 보았다.

"그가 없다. 정말 물고기가 왔다 갔나? 한밤중에 나왔을 때 그는 여기 있었는데."

산 밑으로 달려갔다.

시오시쿠는 물가에 도착했다. 활만 놓여 있었다. 나는 동생의 활이라고 생각했다. 그러나 아니다. 다른 활도 여기 있다. 그는 물속에서 죽은 것이다. 그 역시 잠이 들어서 사라졌다. 시오시쿠는 물에서 저 멀리 활을 놓고 천막집으로 달려가 모두 일어날 때까지 누워 있었다.

아침에 그들은 일어났다. 들어 보니 살아남은 남자가 달려왔다.

"무슨 일이야? 형님도 또다시 없어졌어. 어떻게 하지? 정말 그 물고기가 우리 모두를 끌고 갈 모양이야. 뭘 하면 좋지? 우리 중 누가 저녁에 보초를 서? 너? 아님 나?"

"어떻게 내가 보초를 서러 가겠어? 나를 천막에서 끌고 가는 게 더 낫겠다. 나는 아직 반인이야. 곧 나를 잡을 거야. 나는 아직 잠이 깊이 든단 말이야. 안 돼. 난 무서워. 가지 않을 거야."

"무서워? 내가 갈게. 내가 그 물고기를 죽이든지, 물고기가 나를 끌고 가든지 하겠지."

그는 저녁에 자신의 활을 들고 갔다. 물가에 앉았다. 시오시쿠는 다시 혼자 자게 되었다. 그 두 여자들에게는 가고 싶지 않았다. 그들은 그를 불렀지만 그는 가지 않았다. 이 두 여자가 말했다.

"어떻게 물을 길으러 가지? 아침에는 물고기가 오지 않을 거야. 하루를 물 없이 살아야지."

시오시쿠도 거의 하루 동안 먹지 못했다. 시오시쿠는 계속 누워 있었다. 한밤중이 다 되었다. 자다가 깼다. 아침 무렵에 잠이 깼다. 밖을 보았다.

"안 돼, 마지막 남자도 없어. 모두 끌려갔어. 이제 여자들도 끌려갈 거야. 이제 어디든 가서 삶을 찾아야겠어."

시오시쿠는 천막집으로 돌아와서 누웠다. 아침에 여자들이 일어나서 소리치고 울부짖었다. 그들은 시오시쿠에게로 와서 말했다.

"우리의 마지막 남자도 끌려갔어. 이제 물을 길으러 가기가 무서워. 우리는 천막집을 버리고 여기서 살 거야. 함께 먹고 살자. 너에게 음식을 해 줄 사람도 없잖아."

"사세요. 저는 혼자예요. 옮겨 오세요."

그들은 이리로 옮겨 왔다. 고인들의 자리에서 침대를 밖으로 가지고 나와서 새로운 자리에 놓았다. 시오시쿠는 혼자 자신의 자리에 살았다.

이사 왔을 때 그 여자들이 말했다.

"물을 뜨러 가자."

"싫어요. 두려워하지 마세요. 남자들을 모두 끌고 갔으니 더 이상 끌고 가지 않아요. 이제 오지 않을 거예요." 시오시쿠가 말했다.

한 여자가 물을 가지고 왔다. 고기를 끓여 먹었다. 날이 어두워졌다.

"당신들이 나에게 왔으니 제가 주인이에요. 한 여자가 보초를 서세요. 물고기를 지켜보고 나에게로 오세요. 물가에 앉아 있되 물고기가 볼 수 없게 움직이지 마세요. 보고 말하면 제가 활을 들고 갈게요." 시오시쿠가 말했다.

한 여자가 말했다.

"언니, 함께 보초 서러 가요. 자지 않는 게 더 좋잖아요. 더 재미있고 이야기도 나누어요. 혼자는 참을 수 없어요. 잠들 거예요."

언니가 말했다.

"둘이 가자. 시오시쿠, 둘이도 괜찮지?"

"그럼요. 좋죠. 나에게서 숨지만 마세요. 보고 곧 나에게 달려와요."

그래, 그들 둘은 떠났다. 한 여자는 도끼를 들고 다른 여자는 칼을 들었다. 또 뭘 가지고 가겠어? 여기가 그들의 일터인데. 시오시쿠가 말했다.

"활 세 개를 아침에 이리로 가지고 오세요. 활 세 개 모두 산 밑에 있어요."

그들이 갔다.

"우리는 살 거야. 내가 도끼로 잘라 줄 거야." 한 여자가 말했다.

다른 여자가 말했다.

“난 눈을 찌를 거야.”

그는 돌아와서 누워 잠이 들었다. 한밤중에 그녀에게서 조금 떨어져 보았다. 그들은 서로서로 기대어 자고 있었다. 팔베개를 하고 그렇게 잠이 들어 있었다. 여자들이 코를 골았다. 보니 잠이 든 지 얼마 되지 않았다. 밤새 이야기를 나누었다. 어떻게 잠을 잘 수 있지? 만약 몸을 흔들고 걸어 다니면 잠이 오지 않을 텐데. 시오시쿠는 그들의 얼굴을 보았다. 깊이 잠이 들었다.

“어쨌든 난 깨우지 않을 거야.”

그들은 물 쪽으로 발을 두고 누웠고 산 쪽으로 머리를 두었다. 시오시쿠는 집으로 가서 다시 누웠다. 아침에 어떻게 되어 있을까?

아침에 고개를 들었다.

“해가 중천이군.”

밖으로 튀어 나갔다. 보니 역시 그들은 없었다. 이제 무릎을 치며 말했다.

“이렇게 되었군. 난 마음속으로 그들을 너무 싫어했는데 이 물고기 악마가 내가 생각한 대로 해 주었어. 만약 물고기가 그들을 끌고 가지 않았다면 이 세 남자는 내가 본 것대로 나를 죽였을 거야.”

시오시쿠는 도로 집으로 가서 산 밑으로 가지 않았다. 혼자 음식을 해서 먹었다. 먹고 밖으로 나가서 도끼를 찾았다. 시오시쿠는 도끼를 발견하고 2사젠 정도의 길이와 소매 정도 굵기의 둥근 막대기를 만들었다. 혁대를 어딘가에서 발견했다.

"내가 오늘 보초를 서야겠군. 맞아, 내 차례야. 난 이 여섯 사람은 불쌍하지 않아. 다만 그 여자애가 불쌍해. 난 천성적으로 작아. 너는 나를 삼키지 못할 거야. 내가 너의 목구멍에 상처를 낼 테니까."

시오시쿠는 막대기를 만들어서 산 밑으로 갔다. 모든 활을 시험해 보았다. 큰형의 것을 당길 수가 없어서 둘째의 활을 잡았다. 그런 다음 4면으로 깎은 화살을 잡고 곰 사냥용 창을 잡았다. 시오시쿠는 활을 손에 넣고 집으로 갔다. 밧줄을 잡고 막대기를 자신에게 고정했다. 천막집에서 음식을 해 먹었다. 음식을 하는 동안 날이 어두워졌다.

"밤새 앉아서 먹어야지. 물고기가 금방 올 거니까, 그때는 먹고 싶은 생각이 나지 않을 거야."

시오시쿠는 먹을 때 밧줄을 막대기에 묶었다. 막대기를 허리에 매고 활과 화살을 무릎 위에 놓고서 앉았다. 계속 앉아 있다. 한밤중이 다 되었다. 밝고 조용했으며 큰 물결은 없었다. 뭔가가 꼴딱거렸다.

한밤중이 다 되었다. 시오시쿠는 기다렸다. 계속 꼴딱거리는 소리가 났다.

"좋아, 오고 있군. 난 너를 지켜볼 거야."

시오시쿠가 보았다.

"다가오고 있군."

물고기는 누군가가 걸어가듯이 물을 가르며 오고 있었다. 가까이 왔다. 물고기는 머리를 내밀었다. 눈은 달처럼 둥글고 거울처럼 빛났다. 그래 큰 물고기다. 이 물고기가 지혜가 없다면 인간을 잡지는 못할 것이다. 만약 지혜가 있다면 삼키지 않을 것이다.

시오시쿠는 다리를 물 쪽으로 가까이 내밀었다. 그의 머리맡에는 돌이 놓여 있다. 뒤로 물러났다. 활이 무릎을 지나 당겨졌다. 큰 물고기는 자신의 입을 열고 눈을 별처럼 빛냈다. 아래턱은 땅 쪽으로 가고 1사젠의 위턱이 올라왔다. 물고기는 시오시쿠가 화살을 쏠 때 그의 다리를 잡으려 했다. 물고기는 놀라서 앞으로 돌진했고 내가 화살을 쏘았지만 막대기까지 나를 집어삼켰다. 화살은 목구멍에서 사라졌다. 물고기는 강에서는 힘이 셌고 기슭으로 튀어나왔다. 물고기는 막대기 위에 있었다. 우리에게서 물이 흘러 내렸다. 나의 화살은 배 속을 관통해서 나갔다. 거기서 물이 개천처럼, 강처럼 나왔다. 물고기는 움직임이 없어졌다. 나는 한 손으로 위턱을 올리고 아래턱은 내 밑에 두었다. 이빨 봐, 몸의 거의 4분의 1이야. 이런 이빨로 못 삼킬 게 뭐가 있겠어. 난 겁이 나서 당기고 밀었다. 당겨서 다리에 놓았다. 너의 배가 이미 꽉 찼구나. 통처럼 부풀었어. 감긴 밧줄을 풀어서 물고기 머리를 묶고 어깨에 걸쳐서 메고 갔다. 꼬리는 물에서 나왔다. 물고기가 얼마나 펄떡거렸는지 모르지만 꽤 길었다.

그는 물고기를 던졌다. 죽은 물고기는 뒤집어졌다. 왜냐하면 부풀어 오른 배가 엎드리게 내버려 두지 않았다.

"물고기의 배를 갈라야겠어. 물고기는 일곱 사람을 집어삼켰잖아. 정말 그들이 내부에 있을까? 아마도 그럴 거야. 배가 아주 많이 부풀었으니까."

칼을 가지러 갔다. 칼자루는 자작나무 껍질로 되어 있었다. 입부터 끝까지 물고기를 갈랐다. 옆구리는 양쪽으로 벌어졌다. 배는 가득 찼다. 나의 화살은 척추를 통과해서 꼬리로 나왔다. 화살에 배가 걸려 있고 척추 아래에는 비어 있었다. 여기에 화살이 지나갔군. 위의 가죽을 갈랐을 때 세로 복막이 있고 목구멍에서 끝까지 다시 벌어졌다. 마지막 두 여자가 나란히 앉은 것처럼 누워 있었다. 이미 부패했다. 세 남자가 창자 안에 있었고 부패했다. 피부가 흘러내렸다. 물고기가 삼킨 첫 번째 여자도 부패했다. 그러나 여자아이는 옷을 입은 채로 온전히 누워 있었다. 얼굴에서 피부도 흘러

내리지 않았다.

이 여자아이를 꺼내서 한쪽에 던졌다. 여자아이에게서 점액이 나왔다.

"이 여자아이는 불쌍해. 만약 어떤 신이나 샤이탄이 있다면 아마 그녀를 낫게 해 줄 거야."

그가 모피 옷을 벗기자 몸은 온전했다. 머리의 장식도, 가슴의 장식도, 장식이 달린 땋은 머리도 모두 온전했다. 이제 그는 그녀를 팔에 안아서 천막집으로 데리고 가서 잠자고 불을 피웠던 침대에 놓았다. 물을 데웠고 뜨거운 물로 씻겼다. 눈을 눌렀다. 계속 눌렀다. 한밤중이 되었다.

계속 누르자 제자리로 되었다. 심장 근처를 만지니 죽은 사람 같지 않게 뜨거웠다. 정말 살아났다. 그녀의 한쪽 눈은 그녀를 때린 그때부터 맞은 채로 있었다.

"이제 우리 둘이 살자."

아침이 밝았다. 뜨거운 공기가 얼굴에 닿았다. 불을 지폈다. 솥 안에서 그녀를 끌어당겼다. 땋은 머리에서, 옷에서 철 장식을 벗겼다. 무릎을 꿇고 손을 데우고 눈을 눌렀다. 눈을 누르자 그녀가 움직였다. 그가 혀를 꺼내 잡아당기자 그녀가 숨을 쉬기 시작했다. 그녀는 숨을 쉬고 말했다.

"물을 마시고 싶어."

그는 그녀에게 차가운 물 한 바가지를 줬다. 그녀는 물반 바가지를 다 마시고 숨을 내쉬며 말했다.

"속이 뚫렸어요. 차가운 물 고마워요. 저를 도와줬군요."

그가 이 여자아이에게 말했다.

"만약 우리가 함께 살면 우리에게도 아이가 생길 거야. 우리 아이들은 여기에 남겨 둘 거야. 우리는 두 아이가 생길 때까지 살아 있고 여기에 없을 거야. 우리는 하늘과 땅 사이에서 절반을 살고 절반은 신으로 살 거야. 이 두 아이는 우리를 숭배할 거야. 그런 다음 계속 그렇게 되겠지. 내가 말한 걸 난 잊을 거야. 네가 아이들에게로 다니고 나도 다니겠지. 만약 인간이 죽어 가면 처음에 차가운 물을 마시게 해, 그러면 그의 속이 편안해질 거야. 샤이탄도 뜨거운 물도 수프도 필요 없어. 넌 여자고 진짜 인간의 아이야. 난 진짜 인간의 아이가 아니야. 넌 이것을 모르고 있지만 이제 알게 되었어. 난 물고기에게서 태어났어. 넌 조금 좋아졌어. 우리 같이 먹자. 그런 다음 네가 나를 쫓아와. 난 이 물고기를 조각내서 언덕으로 가지고 갈 거야."

그들은 먹었다. 반나절이 지나 산 밑으로 갔다. 여자는 술 취한 사람처럼 힘겹게 걸었다. 머리와 꼬리를 빼면 이 물고기에서 열한 조각이 나왔고 총 열세 조각이 나왔다. 그는 모두 잘라서 언덕으로 끌고 갔다. 편평한 곳에 자른 것을 놓았다. 물고기 전체를 배가 아래로 가게 했다.

"언젠가 우리에게도 아이가 생길 것이다. 난 그들에게 말할 거야. 물고기는 샤이탄, 즉 뼈나 이빨이 있는 철갑상어처럼 깨끗한 막대기에 걸어야 한다고 말이야. 그들은 물고기를 샤이탄처럼 만들어서 그것을 먹을 수 없게 할 거야. 이 물고기는 물고기가 아니라 나의 엄마야. 물고기를 매달지 말고 갈매기들이 먹게 할 거야."

모든 것을 끌고 나와 천막집으로 갔다.

"음식을 해, 넌 일을 조금 해도 돼."

이전의 음식이 있었다. 생선도 고기도 끓였다.

"여보, 여기서 살자. 우린 오랫동안 잠을 못 잤어. 먹었으니 이제 같이 자자. 자리는 좀 더 부드럽고 좀 더 따뜻하게 만들어."

여자는 침실을 위한 장소를 만들었다. 시오시쿠는 부츠와 여자 모피 옷을 벗었고 아내는 그 주위에 누웠다.

시오시쿠가 자려고 누웠을 때 말했다.

"이 천막집들은 좋아. 깊은 잠을 잘 수 있겠어. 넌 오랫동안 잠을 자지 못했지. 죽었으니까. 나도 너처럼 잠을 자지 못했어. 내내 걸어 다녔거든. 너는 얼굴을 보면 진짜 인간의 아이라고 내가 너에게 말했지만 넌 너를 키운 세 여자의 자작나무 껍질로 된 천막집에 있었잖아. 그 사람들은 순수한 사람들이 아니고 진짜 인간이 아니지만 넌 얼굴이나 생활을 보면 진짜 인간이야. 그들이 너를 어디서 데려왔어?"

"기억 안 나요. 어린 나를 어딘가에서 발견했어요. 난 아무것도 몰라요. 그렇지만 그들의 말을 들어 보면 어딘가 죽은 사람들의 천막집 터에서 나를 찾았다고 해요. 내가 살던 곳의 사람들은 죽었어요. 나 혼자 남았어요. 그들은 순록을 데리고 다녔어요. 그들은 사람처럼 다녔고 순록이 많은 부자였어요. 그들은 이 모든 것을 말해 주었고 나는 그들에게서 들었어요."

"그들이 너를 키웠군. 나는 그때 그들이 죽게 내버려 뒀지만 만약 그들이 살아 있었다면 그들은 나를 살려 두지 않았을 거야. 우리는 하마터면 그들에게 죽을 뻔했지. 나는 그들이 하려는 것을 보았어. 그래서 난 그들을 없앴지. 저기 누워 있는 물고기는 나의 어머니야. 난 그녀에게서 태어났지. 내가 그녀와 진짜 인간들에게서 빛을 보았는데 여자가 나를 먹였지. 그 사람이 두 번째 나의 어머니이고 노파였어. 저 멀리 아래 어딘가에 살고 있어. 그녀는 어린 나를 키웠지. 비록 그녀는 아무것도 먹을 게 없었지만 사흘 동안 나를 먹였어. 만약 네가 이 사람들에게서 나온 것이라면 왜 할머니는 너를 묻지 않았지? 너는 다른 죽은 자의 무리에서 나온 거야."

"그걸 누가 알겠어요. 전 저를 어떻게 데리고 왔는지 기억나지 않아요."

"이제 자자."

그는 여자아이를 안고 잠이 들었다.

바로 이것이 내 기억의 전부다. 그런 다음 그들은 깨어났고 그들에게도 아이들이 생겼다. 나의 어머니의 언니의 남편, 유치 노인이 나에게 이것을 말해 주었다.

이것은 우리의 신이다. 우리 자신의 신, 시디네 바다시느가(우리를 키운 신)이다.

두 형제

강기슭에 천막집이 있었다. 평범한 막대기가 아닌 풀로 만들어진 것이었다. 천막집에 두 젊은이가 살고 있었다. 그들에게는 부모가 없었다. 그들은 몇 년을 그렇게 살았다. 그들은 그 어떤 옷도 없어서 벌거벗고 살았다. 이 강에서 그들은 낚시를 잘했다. 그들 중 하나가 형제에게 말했다.

"우리는 너무 살기가 힘들어. 좋은 삶을 찾아야 해. 사람들은 좋은 삶이 있다고 하더라. 어떻게 가지? 너는 강 왼편으로 해서 위쪽으로 가. 난 오른쪽으로 해서 갈게. 너의 이름은 다하 세타노(강 왼편)이고 오른쪽으로 가니 나의 이름은 다하 마하노(강 오른편)야."

다하 마하노는 며칠을 걸었다. 이 강은 두 갈래로 나뉘었다. 다하 마하노는 오른쪽 분지를 쫓아갔다. 다하 마하노는 강의 원류에 이르렀다. 강의 원류에는 커다란 호수가 있었다. 겨울이 되어 눈이 내렸다. 다하 마하노는 말했다.

"다하 세타노도 이런 호수를 발견했겠지."

그런 다음 다하 마하노는 말했다.

"이제 옷 없이 내가 어떻게 살겠어? 추워. 추위가 지나갈 때까지 물속에서 사는 게 더 낫겠어."

그런 다음 댜하 마하노가 말했다.

"댜하 세타노도 추위가 지나갈 때까지 물속에서 살 거야."

그는 여기서 겨우내 살았다. 댜하 마하노는 말했다.

"댜하 세타노도 겨우내 물속에서 살 거야."

따뜻한 봄이 되었다. 해가 따뜻하게 해 주었다. 해가 따뜻하게 데워 주니 댜하 마하노는 물속에서 나와 말했다.

"댜하 세타노도 물속에서 나왔겠다."

댜하 마하노는 걷다가 다시 강을 발견하고 다시 이 강을 쫓아가며 말했다.

"댜하 세타노도 이런 강을 쫓아갈 거야."

댜하 마하노가 걸어가다 보니 여름이 되었다. 다시 커다란 호수가 보였다. 이 호수에서 어떤 사람이 배를 타고 갔다. 댜하 마하노는 말했다.

"댜하 세타노도 이런 사람을 발견했겠지."

댜하 마하노는 이 사람에게 이르렀다. 사람은 그를 보고 말했다.

"당신은 누구요, 어디서 왔소?"

댜하 마하노는 말했다.

"당신은 누구요?"

그는 말했다.

"나의 종족은 타우(느가나산인)요."

댜하 마하노는 말했다.

"댜하 세타노도 이런 느가나산인을 발견했겠지."

느가나산인이 물었다.

"이름이 뭐요?"

"내 이름은 댜하 마하노입니다."

느가나산인이 물었다.

"왜 옷을 입지 않았죠? 사람들이 당신을 어떻게 보겠어?"

"난 세상에서 살던 대로 살고 있는데 옷을 몰라요. 태어날 때부터 벌거벗은 채로 다녔어요. 어쨌든 전 옷이 필요 없어요."

댜하 마하노가 계속 말했다.

"당신 천막집이 멀어요?"

느가나산인이 말했다.

"천막집은 멀지 않아요. 기다려요. 내가 당신에게 옷을 가져다줄 테니. 사람들이 당신을 보는 것이 불편할 거요."

댜하 마하노가 말했다.

"어떤 옷요? 전 옷이 무엇인지 몰라요."

느가나산인이 말했다.

"기다려요. 내가 옷을 가져올 테니."

그는 배를 내버려 두고 걸어서 갔다. 댜하 마하노가 생각했다.

'어떤 옷에 대해 말하는 거지? 그는 무슨 말을 한 거야? 그의 배를 가져가야겠다. 내가 이 배를 가지고 가야지.'

그는 배를 타고 강을 따라갔다. 강은 바다로 들어갔다. 그는 배를 버리고 기슭을 따라 걸어가면서 생각했다.

"댜하 세타노도 강을 발견하고 바다 기슭을 따라 걸어가겠지."

댜하 마하노는 바다 기슭을 따라 걸어가다가 한 사람이 야생 나무딸기를 모으는 것을 보았다. 여자가 다가왔는데 그녀도 옷을 입지 않았다. 댜하 마하노는 물었다.

"누구세요?"

그녀가 대답했다.

"내내 여기서 살면서 야생 나무딸기를 모으고 있어요."

댜하 마하노도 야생 나무딸기를 모으기 시작했다. 댜하 마하노는 말했다.

"댜하 세타노도 이런 여자를 발견하고 야생 나무딸기를 모으겠지."

댜하 마하노는 이 여자와 야생 나무딸기를 모으고 그녀와 함께 바다 기슭을 따라 걸었다. 그들은 호수에서 낚시를 하는 한 사람을 발견했다. 그들은 이 사람에게 다가갔다. 그는 물었다.

"당신들은 누구요. 왜 옷을 입지 않고 다닙니까?"

댜하 마하노가 말했다.

"우리는 계속 옷을 입지 않았어요. 항상 옷 없이 다녔어요."

댜하 마하노는 물었다.

"당신의 천막집은 먼가요?"

그가 말했다.

"천막집은 가까워요. 잠시 기다려요. 내가 당신들에게 옷을 가져다줄 테니."

그들이 물었다.

"누구세요?"

그가 말했다.

"나의 종족은 소마투요."

그는 옷을 가지러 갔고 그들은 여기서 기다렸다. 여자가 말했다.

"댜하 마하노, 내 말을 들어 보세요. 사람들이 당신을 어떻게 보는지 불편해요?"

댜하 마하노가 말했다.

"당신도 옷이 없으니 당신을 보는 것이 불편하겠군요."

댜하 마하노가 말했다.

"댜하 세타노도 이런 사람을 발견하고 우리가 말한 것처럼 말하겠지."

사람은 여자 옷과 남자 옷을 가지고 왔다. 그는 소마투 사람들이 입는 모피 옷을 가지고 왔다. 그들은 이제 옷을 입고 이 사람과 걸어갔다. 이 사람에게는 딸이 있었다. 댜하 마하노는 이 딸과 결혼했다. 댜하 마하노는 이제 몇 년 동안 여기서 살았다. 댜하 마하노는 말했다.

"저는 저의 땅으로 가고 싶어요. 저는 유목을 떠날 거예요, 괜찮죠? 댜하 세타노도 자기 땅으로 유목을 떠날 거예요."

소마투 사람이 말했다.

"유목을 가고 싶으면 가도 돼."

그에게는 아내가 둘이 있다. 그는 순록을 타고 자신의 땅으로 유목을 떠났다. 댜하 마하노는 말했다.

"댜하 세타노도 아내 둘을 발견했겠지."

댜하 마하노는 그가 살았던 호수에 이르렀다.

"댜하 세타노도 이런 호수에 이르렀겠지."

댜하 마하노는 최근에 쫓아갔던 이 강을 따라갔다. 자신의 천막에서 위로 걸어가면서 말했다.

"댜하 세타노도 강을 쫓아갈 거야."

댜하 마하노는 며칠 걸어가면서 말했다.

"댜하 세타노도 며칠을 걸었을 거야."

강이 두 갈래로 나뉘는 그 장소까지 도착해서 오른쪽을 보았다. 보니 댜하 세타노도 걸어가고 있었으며 아내 둘을 찾았고 아내를 데리고 유목을 떠났다. 댜하 마하노가 물었다.

"댜하 세타노, 너 여기부터 어떻게 간 거야?"

댜하 세타노가 말했다.

"이 강의 원류에 호수가 있어. 겨울 동안 그 물속에서 살았어. 그런 다음 계속 걷다가 한 남자를 발견했어. 그 사람은 느가나산인이야. 그가 나에게 옷을 주었어. 난 그 옷을 받으려 하지 않았지. 그런 다음 나는 그의 배를 잡고 강을 따라갔어. 이 강은 바다로 들어갔어. 바다 기슭을 따라 걸었는데 야생 나무딸기를 모으는 여자를 발견했어. 그녀와 난 1년을 살았어. 그런 다음 우리는 계속 걷다가 호수에서 낚시를 하는 한 남자를 발견했어. 남자의 집에서 옷을 발견했어. 이 남자에게는 딸이 있었고 그 딸과 난 결혼했어. 난 그렇게 살았어."

그들은 집으로 갔다. 그들은 여기서 살고 있다. 끝이다. 둘은 결혼했고 부자로 살았다. 그들의 후손이 누구인지 알려져 있지 않다.

솔데이 카하

이 이야기는 지금의 카플린가의 아버지 카플린 솔다가 해주었다. 우리 근처에서 예니세이 강이 바다로 흘러들어갔다. 예니세이의 오른편에 돌이 있다. 이 돌은 생긴 모양이 사람들의 천막집 같다.

언젠가 거기에 천막집이 20~30채 있었다. 그러나 그 집들은 무너졌다. 덮개가 비록 아직 새것이어도 말이다. 여름이 지나갔다. 이야기는 가을에 생긴 일이다. 모든 천막이 무너져 내렸지만 그 위에 덮개가 있다. 썰매는 끈이 매어져 있다. 어떤 민족이지? 말이 없다. 자나? 들어가 보니 한 천막으로 들어가는 문이 열려 있었다. 양 측면에 사람들이 많았고 거대한 천막이 있었다. 사람들은 자고 있었고 모포들은 둥글게 걸려 있다.

내가 2~3일 동안 뭔가 하고 보았어. 거기서 그 모포가 계속 원을 그리고 있는 거야. 소년이 가장자리에서 문 쪽으로 침낭을 끌고 가는 거야. 이 소년이 일어났어. 그의 두꺼운 모피 옷이 놓여 있었어. 소년이 일어나 그 옷을 걸쳤지. 열 살 정도 되는 소년이야. 네발로 불 쪽으로 가더군. 불이 꺼졌어. 소년은 재를 손으로 긁어내기 시작했어. 겨우 살아 있는 불을 재 속에서 발견한 거야. 불고, 불고 계속 부니까 불이 커졌어. 소년은 불에다 막대기를 놓았어. 물 근처에 장작개비가 많았거든. 마치 누군가가 온 것처럼 갑자기 몸을 돌렸어. 보니 아무도 없었어. 소년이 문 쪽으로 돌아섰을 때 그의 입으로 곧장 이야기가 들어왔지. 이제 말하게 된 거야.

"그래, 언젠가 우리에게는 음식이 많았고 고기도 많았고 순록도 많았어. 지금은 모두 사라지고 바람이 가져가 버렸지. 썰매 위에는 순록 고기가 많이 있었어. 30채의 천막집에 어떻게 많은 것이 없겠어? 우리 집에는 거의 40명의 사람이 있었어. 이제 자는 건지, 뭘 하는지 네가 알아본 대로야."

소년은 손으로 눈을 몇 번 닦았다. 불이 겨우 보일 정도였다. 자신의 손을 살펴보았다. 딱지가 앉은 데 주위에 성한 곳이 아무 데도 없었다.

"나에게 무슨 일이 일어난 거야? 언젠가 나의 아버지와 어머니가 우리는 병이 있다고 말했어. 30채의 천막집 모두 어떤 병을 앓고 있는지 모르지만 병을 앓고 있었지. 손에 뭔지는 몰라도 몸에도 눈에도 뭔가가 걸려 있어. 천연두인지, 옴인지, 홍역인지 말이야."

그는 불을 불었다. 솥, 식탁, 양재기가 놓여 있는 앞쪽 구석에 맨발로 무릎으로 걸어갔다. 고기 조각을 발견하지 못했다. 다음에 자신의 자리로 돌아왔다. 부츠를 찾아서 밖으로 나갔다. 그는 천막집이 붕괴된 것, 모든 천막집이 그렇다는 것을 몰랐다.

"처음에 천막집은 많았어. 한 30채 이상이었던 것 같지만 이제 모두 무너졌어."

몇 채에서만 덮개가 바람에 펄럭였다. 썰매 쪽으로 가서 손을 침대 밑에 넣었다.

"여기에 고기가 있구나. 이제 살았다. 배고프게 있지 않아도 돼. 고기를 가지고 가서 솥에 눈을 넣고 사람들을 깨울 거야. 난 아파도 일어났잖아."

이 소년은 이름이 없었다. 땅 위를 걸어 다닐 때 그는 이름이 생길 것이다. 그는 고기를 가지고 가서 솥을 올려놓았다. 자신이 기어 나왔던 침낭을 치웠다.

"아버지, 어머니, 일어나세요."

아니다. 관에 있는 나의 어머니를 보니 눈이 하얀색이다. 아버지도 그렇다. 무슨 일이지? 그들의 얼굴에는 모든 수프처럼 살 한 점 없다.

"아버지, 어머니는 아픈 거구나. 어머니는 나에게 언젠가 우리 모두 병에 걸렸다고 말했어. 이게 아픈 건가?"

자신의 얼굴을 할퀴었다. 순록 모피 옷을 벗고 자신의 몸을 봤다. 역시 그 어디에도 성한 곳이 없다. 아픔은 덜했지만 딱지가 있던 자리는 어딘가 남아 있었다.

“언젠가 난 인간이 어떻게 죽는지를, 그리고 그 눈이 하얗게 된다는 것을 조금 들은 적이 있어. 내가 어머니 머리를 들어 드려야지.”

소년은 침낭으로 가서 머리를 들어 올렸지만 올릴 수가 없었다. 막대기가 올라가듯이 그 어디에서도 구부러지는 곳이 없었다. 모든 것을 풀고 이리저리 살펴보았다. 그 누구도 그 어디에도 성한 곳이 없었고 눈은 하얗게 되어 있었으며 모두의 입이 열려 있었다. 그들의 침낭을 도로 닫았다.

“좋아. 끓여서 먹을 것이 없군. 고기를 밖으로 가지고 가서 모든 천막집을 뒤져 봐야겠어. 아마 친구를 찾을지도 몰라. 난 어떻게든 일어났잖아.”

모피 옷을 입고 부츠를 당겨서 고기를 품에 안고 나머지 고기는 썰매에 도로 놓았으며 천막집을 살펴보기 시작했다. 주변의 모든 사람들도 입을 벌리고 하얀 눈을 한 채 똑바로 누워 있었다. 몇몇은 천막집의 마루 판자 위에 바로 누워 있고 그 어디에도 산 사람은 없었다. 끝까지 모든 천막집을 보았지만 산 사람은 물론이고 개 한 마리 찾지 못했다. 고기를 어깨에 메고 필요한 곳으로 갔다.

계속 걸었다. 얼마나 걸었을까, 커다란 강이 보였다. 심지어 저쪽은 보이지도 않았다. 아마도 예니세이 강인 듯했다. 눈처럼 새하얀 큰 물결이 쳤고 그가 나왔던 거기에는 이미 눈이 있었다. 오른편 기슭을 따라 걸었다. 우리는 긴 이야기를 하게 될 것이다. 소년은 걸었다. 어딘가에서 밤을 보내고 또 걸었다.

소년은 혼자 걸으며 고기를 모두 먹어 치웠다. 배가 고팠다.

"뭔가 먹고 싶어."

소년은 쥐를 찾아서 쫓아가 죽여서 먹었다. 그가 계속 걷는데 갑자기 앞에 곶이 나타났고 그 위에는 풀 한 포기 나 있지 않았다. 헐벗은 모래만이 하얗게 빛나고 있었다.

"이 곶을 올라가자. 아마 그 뒤편에 뭔가가 보일 거야. 배가 고파, 아무것도 발견하지 못했어. 이건 무슨 의미지?"

곶에 올라가기로 하고 올라가고 또 올라갔다.

"이건 뭐야? 내가 어떻게 못 봤지? 물가 기슭에는 사람들이 걸어 다니고 그물로 낚시를 하고 있잖아. 세상에, 이제 생선을 먹을 수 있겠어. 그들에게 가야지."

소년이 걸어갈 때 그 사람들 중 두 사람이 배를 타고 그물을 던졌고 기슭에 한 사람이 남아 있었다.

"그에게 가자. 사람이니 그와 이야기를 나눠 보자."

소년은 그에게로 갔다. 그의 등 뒤로 다가갔다. 소년은 걸어가면서 보았다.

"누구지? 왜 난 그를 모르는 거지? 어떻게 알겠어? 내가 그들에게 오기까지 오래 걸렸는데."

이 사람은 밧줄을 손에 쥐고 낚시를 하고 있었다. 그가 나를 돌아보았다.

"내 얼굴은 부모님을 닮았어. 아버지의 코는 뾰족하고 눈은 붉은색이었으며 머리는 크고 옷은 기운 흔적이 전혀 없었으며 솔기도 전혀 없었어. 다리는 붉은색이었지."

그 사람이 말했다.

"낯선 사람이 왔군. 어디서 왔니?"

"전 아주 좋은 사람은 아니지만 어쨌든 사람이에요. 저의 아버지는 솔다[11]인데 이름인지 아닌지는 몰라요."

"어디서 살아? 어디서 온 거야?"

"땅끝을 따라, 예니세이를 따라 걸어왔어요. 저기에 우리 사람들이 많이 있었어요."

그는 딕손에서 퍄시나로 가는 듯했으며 예니세이 뒤쪽으로 해서 바닷물을 뒤집어썼다.

"나는 예니세이의 곶 위 어딘가에서 사람들이 천연두로 죽었다는 말을 들었어. 그 천막집에서 온 것이냐?"

"당신은 어떤 종족이에요?"

"내가 어떤 종족인지 보면 모르냐. 나의 종족은 갈매기

---

11) 툰드라의 에네츠 씨족의 명칭.

야. 나를 본 적 있어? 우리는 낚시를 하고 있어. 물고기를 잡아 천막집으로 갈 거야. 저기서 물고기를 먹을 거야."

여잔지 남잔지도 모르겠어. 그 어디에도 솔기가 없어.

"배에 있는 두 사람이 기슭에 도착하는 것이 보여. 그물을 당기기 시작했어. 두 사람은 이 사람과 같은 사람이라는 것을 알아. 나는 장대를 잡고 그들이 그물을 당기는 것을 도와주기 시작했어."

그들은 그물을 잡아당겼고 그물을 잡았다. 그들의 그물은 컸다. 세 사람이 어떻게 당기지? 그물은 어마어마해 보였다. 그물 가운데 부분의 부표는 아주 붉은색이었고 청동 같았다. 갈매기 인간은 아래 활시위를 잡고 솔다는 위 시위를 잡았다.

"솔다, 젊은 사람이군, 더 편한 곳을 잡아." 갈매기가 말했다.

그물을 들고 갔다. 그물 중간 부분이 적당했다. 남잔지 아닌지 모르는 세 번째 갈매기는 그물 가운데 부분으로 뛰어갔다. 가운데 부분에 바다표범, 흰고래, 물개가 다녔으며 그 모든 것은 그물 안에 있었다. 갈매기는 그물 가운데 부분을 가지고 갔다. 흰고래들이 가운데 부분으로 몰렸다. 갈매기는 크지 않은 사람으로 다리는 가늘고 손은 인간의 손이며 코는 매부리코였고 다른 사람들도 똑같았다. 그는 흰고래를 잡고 곶 멀리 던졌다. 솔다는 그가 흰고래를 던지는 곳을 보았다.

"저기 천막집들이 있어. 왜 보지 못했지?"

물개도 바다표범도 기슭으로 던졌다.

"우리 그물에 온갖 짐승들이 걸리지. 하나만 온 그물을 차지하지." 갈매기가 말했다.

그물을 기슭으로 잡아당겼다. 솔다는 말했다.

"어떤 괴물이 저기에 있어요."

괴물은 그물 안에 매달려 있다. 괴물을 꺼내면서 기슭으로 잡아당기자 바다표범의 형상 같았는데 두 배는 더 커 보였다. 이빨 하나는 입 사방에서 윗입술에서 아랫입술로 내려와 있었다. 이것은 티이체(큰 이빨)인 것 같았다. 갈매기 인간은 그것을 기슭으로 던지려 했지만 머리를 들어 올릴 수가 없었다. 다른 사람들을 불렀다. 그들은 서로서로 몇 미터 떨어졌다. 사람들은 모두 똑같이 생겼다. 솔다는 그 어디에서도 벌거벗은 사람을 볼 수 없었으며 그들 중 누구에게서도 모피 옷이 열리는 것을 볼 수 없었다. 갈매기 인간들은 다가와 괴물을 잡았다. 누구는 발을 잡고 누구는 귀를 잡고 누구는 이빨을 잡아서 천막집으로 끌고 갔다. 세 사람은 그물을 놓고 배를 뒤집었다. 배는 깎아 만든 것도 자체 제작한 것도 아니라 대야 형태로 특이한 청동과 철로 만들어진 것이다. 그물을 걸었다. 그가 그물을 당기는 것을 도와주었던 솔다의 동료가 말했다.

"가자."

그러나 솔다는 그가 남잔지, 여잔지 알 수 없었다. 그들은 천막집으로 갔다. 그들의 천막집은 침실 덮개가 아니라 버드나무 같은 것으로 만들어진 덮개를 덮었으며 잔디와 모래로 덮였다. 다만 모래로 덮인 천막집이 하얗게 빛났다. 갈매기 인간은 그의 손을 잡고 갔으며 내내 돌아보았다.

"잃어버리지 마, 여기 사람들이 많아."

소리치고 땅이 갈라지듯 울부짖었다. 타고 가는 사람들도 있고 바다표범과 흰고래를 찢는 사람들도 있고 고함을 치는 사람도 있다. 그를 데리고 가는 이 사람은 한 손으로 문을 열고 문을 잡고서 말했다.

"내가 차지하고 있는 이쪽 모서리로 가서 문 가까이에 앉아." 솔다는 들어가서 판자 옆 문 가까이에 앉았다. 불이 켜져 있었다. 솥이 가득했다. 그들에게는 커다란 솥이 세 개 있었다. 특별하게 나온 고기가 놓였다. 솔다가 보니 천막집의 다른 쪽에 사람들이 앉아 있었다. 몇몇은 그물로 낚시를 했고 그의 쪽에 모두 앉아 있었다. 이 갈매기 사람들이 앉아 있었고 그를 데리고 온 그 갈매기 인간이 앉았을 때 솔다가 보니 중앙에 커다란 인간, 큰 갈매기가 앉아 있었다. 큰 갈매기는 솔다를 데리고 온 사람에게 말했다.

"그를 먹여, 아마 배고플 거야."

그들은 나무통 비슷한 것을 가지고 와서 바다표범인지, 흰고래지의 고기를 놓았다. 저쪽에 한 남자가 앉아 있고 그 주위에 갈매기 인간이 원을 그렸으며 불은 준비되었고 뭔가 다른 것을 만들었다. 그러나 다른 쪽에 앉아 있는 그 사람은 남자인 것으로 보이지만 모습이 다른 것 같았다. 솔다가 보기에 이 사람은 석탄처럼 검고 코는 갈고리처럼 굽었다. 그는 앉아서 불을 쳐다보고 눈만 빛을 냈다. 이 검은 사람은 한 손으로 그 주위에 누워 있던 누군가를 만지며 말했다.

"일어나. 음식이 다 됐어."

솔다가 보니 그가 깨운 그 사람들이 일어났다. 사람은 여섯 명이고 앉아 있는 그 사람이 일곱 번째였다. 솔다는 그들의 음식을 보았다.

"우리는 바다표범 고기를 먹어. 고기는 하얗고 붉어. 수프는 하얗지만 고기가 담긴 통에 석탄이나 다른 뭔가를 넣으면 석탄처럼 검고 기름지고 걸쭉한 것이 되지. 빵인데 왜 검은색이냐고? 왜 이 사람들은 같은 음식을 먹고 저 사람들은 다른 것을 먹느냐고? 만약 그들을 같이 놓으면 검은 사람들은 모두 똑같이 되고 갈매기 인간들도 하나같이 되지."

그들은 먹었다. 계속 먹었다. 큰 갈매기가 아내 같은 사람에게 말했다.

"다른 천막집으로 가서, 백조를 불러와."

솔다는 알아듣고 생각했다.

'이름이 좋지만 아마도 생김새가 작은 사람일 거야. 어쨌든 사람이니까. 이름은 좋네.'

갈매기가 나갔다. 그녀는 오랫동안 오지 않았다. 그녀는 멀리멀리 있는 천막집으로 갔거나 가까운 곳으로 갔겠지. 그녀가 왔다.

"어떻게 됐어." 큰 갈매기가 말했다.

"올 거예요." 그녀가 대답했다.

"음식을 더 해. 손님들이 올 거니까. 이걸로는 적을 거야." 큰 갈매기가 말했다.

그녀는 끓이고 구웠다. 사람이 왔다. 문이 열리고 연이어서 일곱 사람이 들어왔다. 솔다는 먹지도 못했다. 솔다는 그들을 보고 더 위쪽으로 움직였으며 심장이 뭔가에 놀랐다. 이 사람들은 크고 건장했다. 보니 사람들이 이름처럼 똑같이 백조 모습이었다. 이 사람들은 다른 사람들보다 더 컸다. 눈만 검고 코와 나머지 모든 것이 하얬다. 그들은 하얀 모피 옷을 입고 있었다. 솔다는 자신을 소개했다. 그들은 모피 옷조차 벗지 않았다. 그들의 옷은 역시 둥글고 어디에도 솔기가 없으며 어디도 벌어져 있지 않고 묶여 있지 않았다. 그 어디에도 얼룩이 없이 순수하게 하얬다.

'정말 하얀 모피 옷을 입은 사람들이 명칭 그대로 백조지? 난 이 백조들이 작다고 생각했어.'

그들은 먹기 시작했다. 보니 그들은 검은 사람들이 먹는 것과 같은 음식을 먹었다. 갈매기들이 먹는 그런 것이 아니고, 바다표범도, 흰고래도, 물개 고기도 아니었다. 그들은 배불리 먹어 댔다. 보니 이 갈매기에게는 끓일 솥이 하나뿐이고 통에다 고기를 놓을 수 없었다. 문가에 끓인 고기가 담긴 솥을 남겨 두었다. 백조가 말했다.

"내 쪽에 앉아 있는 이 사람은 까마귀입니다. 그는 내 아내의 아버지이죠. 그의 아내는 당신의 딸이죠."

"내 막내딸이 까마귀에게 시집을 갔지. 작년에 그 아이를 데리고 갔어. 내 큰딸은 옆에 앉아 있어."

솔다 근처에 그녀가 앉아 있다. 그녀는 솔다를 데리고 온 갈매기다.

"내 옆에 내 아들이 앉아 있지."

그 사람은 그물로 낚시를 하던 갈매기다.

"나에게는 여섯 형제가 있어. 우리는 일곱 형제이지. 일곱 백조들 말이야. 우리는 집, 우리 땅으로 가야겠어. 당신에게는 순록들이 있지만 우리에게는 순록이 없어." 백조가 말했다.

"나에게는 순록이 있지. 순록이 많이 있어. 이봐, 백조. 이 사람은 우리에게 온 새로운 사람이야. 새 사람은 우리 땅을 다닐 거야. 모두 그를 보게 되겠지. 당신 둘 생각은 어때? 새 장소로 흩어지자. 나는 이 장소에서 떠나고 당신들은 가는 거야. 그러나 백조, 당신은 당신 종족의 명칭이 백조잖아. 나의 사위, 까마귀. 여기 들을 봐, 어디든 타이가[12] 숲에 숨어. 여기 우리의 툰드라에서는 견디기 힘들 거야. 백조, 당신도 여기서 견디기 힘들 거야. 그렇지만 나는 여기서 견딜 수 있어. 나는 눈이 녹은 물이 필요해. 백조, 당신은 눈이 녹은 물이 필요 없잖아. 당신은 따뜻한 지방으로 가." 갈매기가 말했다.

"좋아, 당신이 말한 대로 할게." 까마귀와 백조가 말했다.

"나는 여기 바다에 있었고 여기 있을 거야. 얼어 버린 곳이 녹을 거니까. 눈이 녹은 장소를 따라다닐 거야. 우리가 지금 구한 것, 흰고래, 바다표범, 지금 그물로 그것들을 퍼올리고 있지만 후에는 그들이 우리로부터 멀리 떠날 거야. 우리에게는 남자가 있고 그의 씨족은 솔다이다. 그가 어딘가에서 스스로 동료를 찾을 것이다. 우리는 순록을 모을 것이고 난 그에게 나의 모든 무리를 줄 것이며 나는 순록을 지

---

12) 북반구의 냉대 기후 지역에 나타나는 침엽수림.

키지 않을 것이다. 내 딸이 이런 사람들과 살 수 없다고 해도 난 그에게 아내를 줄 것이다. 어쨌든 아무것도 남기지 않고 줄 것이다. 그들도 서로서로를 도울 것이며 헛되지 않으리라." 갈매기가 말했다.

이 백조들이 벌떡 일어나서 문 쪽으로 갔다. 그들 모두 옷을 입고 있었지만 모자는 쓰지 않았다. 첫 번째 백조가 문 옆에 있던 솥에 다가갔다. 일곱 백조 모두 그 솥으로 갔다. 그들은 옆을 지나갈 수 없도록 걸음을 쟀다. 천막집에서 모두 튀어 나갔다. 침대도, 그들의 다른 신발들도 보이지 않았다. 모든 검은 사람들이 튀어 들어와 그들을 쫓았다. 그러나 그들, 까마귀 중 그 누구도 솥에 가지 않았다. 갈매기, 까마귀의 아내는 그들 뒤를 쫓았고 솥으로 갔다. 갈매기는 멈췄다. 큰 갈매기가 그녀에게 말했다.

"딸아, 까마귀를 쫓아가라, 발자국을 따라가. 그들은 따뜻한 곳, 어디든 갈 것이다. 그러나 너는 까마귀와 살지 못할 것이다. 비록 까마귀들과 떠나도 겨울 동안만이다. 여름에 나의 땅으로 오너라. 네가 거기 사는 것이 마음에 들지 않는다면 겨울이라도 오너라. 우리는 봄이 오는 대로 너희에게로 갈 것이다. 이 솥다는 물고기를 잡을 것이며 우리는 그에게 이것을 대가로 순록을 줄 것이다. 겨울에 여기서 따뜻한 물 근처에서 살 것이며 가을에 이리로 올 것이다."

모든 갈매기 인간들은 밖으로 뛰어나갔지만 한 명의 갈매기도 숱으로 가지 않았다. 밖에 서 있었다. 솔다와 앉아 있던 갈매기가 그들 뒤를 따라갔다.

"솔다야, 가자. 우리 모두를 봐."

이 갈매기가 나가자 그녀의 뒤를 따라 솔다가 나갔다. 솔다는 문 옆에 서고 그보다 더 멀리 떨어져서 갈매기가 섰다. 그녀가 말했다.

"솔다야, 문 옆에 서, 보고 들어 봐."

나갔던 첫 번째 백조들은 서로서로 줄지어 있고 천막집 안으로 넓게 퍼져 있었다. 모든 천막집에서, 토굴에서 갈매기들과 백조들이 나왔다. 그러나 우리 천막집에 있었던 그를 제외하고 까마귀들은 없다. 백조들은 자신의 씨족을 모아서 열을 지었다.

"봐, 솔다, 봐." 갈매기가 말했다.

이 갈매기들은 자신의 씨족을 모아서 나란히 섰다. 갈매기들이 소리치기 시작했다.

"끼룩, 끼룩."

'어디로 갈 거지?' 솔다는 생각했다.

그를 데리고 온 갈매기가 말했다.

"들어 봐, 솔다, 이게 우리의 언어야."

천막집 문 옆 까마귀들도 나란히 서서 모두 여명이 밝아오는 동쪽을 바라보았다. 이제 해가 중천에서 떨어지기 시작하는 시간이 되었다. 모두 그렇게 서 있었다. 솔다는 큰 갈매기의 큰딸과 함께 끝의 천막집 문 옆에 서 있었다. 까마귀들이 소리쳤다.

"까악, 까악."

모두 손을 흔들기 시작했다. 갈매기가 말했다.

"그들의 언어가 들려?"

"아니." 솔다가 말했다.

갈매기가 소리쳤다.

"끼룩, 끼룩."

그리고 두 손을 흔들기 시작했다. 솔다는 백조들도 보았다.

"꾸욱, 꾸욱."

그들은 양손을 흔들기 시작했다. 갈매기가 말했다.

"솔다야, 봐, 그들이 지금 올라갈 거야. 봐, 나의 손이야, 나도 그 뒤를 따라 올라갈 거야."

백조들은 올라가면서 '꾸욱'이라고 소리쳤고 곧장 남쪽으로 갔다. 갈매기들도 그들 뒤를 따라 날아갔다. 그들 뒤를 좇아 까마귀들도 위로 올라갔다.

"그들이 올라가는 것을 봐. 난 지금 조금 있으면 올라갈 거야. 너에게 이것을 보여 줄 거야."

갈매기는 그를 보며 소리쳤다. '끼룩, 끼룩.' 그리고 위로 올라갔다.

"놀라워. 갈매기가 입으로 또는 코로 소리치는 게 말이야. 갈매기는 콧구멍이 없고 코만 있어." 솔다가 말했다.

솔다는 이 갈매기가 떠나서 사라지는 것을 보았다. 솔다는 혼자 남아 천막집 문 옆에 서 있었다. 문 옆에 서서 생각하다가 울지 않으려 했지만 눈물이 흐르고 땅에 떨어지는 것을 느꼈다.

"이 갈매기가 불쌍해. 갈매기는 나에게 잘 대해 주었고 먹여 주고 통역해 주었는데. 정말 갈매기는 아주 날아가 버린 걸까?"

솔다는 계속 생각하다가 천막집으로 갔다. 문을 잡았다. 이 문은 땅의 표면, 즉 잔디로 만들어진 것이다. 솔다는 천막집으로 들어가서 큰 갈매기가 앉아 있던 거기에 앉고 싶지 않아서 자신의 구석 자리에 앉았다. 그는 앉아서 먹지 않았지만 흰고래, 바다표범, 해마 고기가 많다는 것을 알았다. 문 옆의 솥이 계속 그 자리에 있었다. 밤이 되었다. 솔다는 생각을 하다가 울 뻔했다.

"갈매기가 언제 오지? 그는 그들에게 순록이 있다고 말했는데. 왜 나에게 아무 말도 하지 않았지? 아마 딸이 나에게 말할 거야."

밤이 되었다. 잠을 잤다. 아침에 일어났다.

"아무것도 보이지 않아. 그들에게는 밖을 볼 수 있는 통이 없어. 만약 통이 없다면 밖에서 밤인지, 낮인지 봐야 해."

그는 일어나서 밖으로 나갔다.

"내가 잔 나의 천막집은 높은 곳에 있었구나. 저 천막들은 나란히 있었네. 이제 저 천막들, 원주민들은 어디에 있지? 없어, 언덕은 아주 깨끗해."

거기 산 아래 바다에 큰 물결이 보였고 갈매기들이 어디선가 소리쳤다.

"끼룩, 끼룩."

"이건 갈매기들이 소리치는 거다. 나의 갈매기도 저렇게 소리쳤어. 그러나 왜 그 갈매기는 오지 않는 거지?"

천막집들이 있었던 그 장소를 결코 알 수 없다는 것을 알았다. 심지어 장소가 눈에 띄지도 않았고 막대기 구멍도 없었다. 이 자리에는 풀이 자라고 있었다. 이제 그는 천막집 너머 서쪽을 보았다. 곳 전체에 순록들이 흩어져 있고 온 땅이 그들로 뒤덮였다. 그들 중에 하얗고 특이한 순록들이 있었다. 한나절에 태양이 올라왔다. 어딘가에서 갈매기가 날아왔다. 갈매기가 더욱더 가까워지는 소리가 들렸다. 갈매기는 날아왔지만 나는 갈매기를 볼 수 없었어. 높이 어딘가에 날고 있는데 말이야. 다른 갈매기들이 물가 어딘가에서 울고 있었다. 위를 보았더니 남쪽에서 갈매기가 날아와 곧장 천막집으로 오고 있었다. 갈매기가 천막집에 도착해서 세 번 원을 만들더니 문 옆에 앉았다.

"기이하다. 갈매기야 갈매기, 나의 갈매기야. 그런데 왜 그녀는 그렇게 앉는 거지?" 갈매기의 다리는 가늘고 붉은색이야. 갈매기는 손을 뒤로 잡고 매달린 상태에서 흔들리듯이 앉아 있다. 머리는 올라가 있다. 전에 갈매기는 사람 같았는데 지금은 곡물창고처럼 서 있는데 대체로 새처럼 보였다. 갈매기는 나를 돌아보며 전처럼, 사람처럼 말했다.

"솔다야, 최근에 어디를 봤니? 순록을 보았니? 순록이 많지? 그게 나의 아버지의 순록들이었어. 지금은 아버지가 그들을 내버려 둬서 너에게 남겨 주었지. 너는 순록들의 명칭을 알고 있니? 그들을 어떻게 불러들이는지 알아? 아침에 천막집에서 나오면 언덕을 보고 거기에 올라가. 바로 장대처럼 뾰족한 이 언덕이야. 거기에 올라가, 한 번만 휘파람을 불어. 거기서 너의 시선을 떼지 마, 순록들이 움직일 거야. 이건 나뭇잎이 아니라 순록들이고 움직일 거야. 나는 너와 살지 못해. 다만 난 이것을 말하러 날아온 거야. 그러나 모든 순록이 한 종류야. 검은 것은 없고 점박이도 없어, 오직 흰 순록만 있어. 만약 누구든 너에게 순록이 많은지 물으면 온 세상에 내 순록이 흩어져 있고 그들의 신이 모든 사람들이 이 순록으로 먹고 살도록 준 것이라고, 그 순록들의 이름은 야생 순록이라고 말해. 이제 겨울이 시작돼. 너의 야생 순록들이 온 땅을 돌아다니게 해, 너는 그들을 셀 수 없어. 모두 그들을 이용하게 될 거야. 각 땅에 사람들은 평등하게 살지 않아. 몇몇은 가난하고 몇몇은 부자야. 그들도 순록들을 가지지만 그 순록들은 달라, 점박이고, 하얗고 검은 것들이지. 그러나 너의 순록은 모두 한 종류뿐이야. 이제 순록들이 가게 해, 해가 떠오르는 봄에 휘파람을 불어. 첫 번째 순록이 나타나고 그들은 너에게 달려올 거야. 만약 네가 충분하지 않다고 생각하면 가난한 사람들이 그들을 이용했다는 것을 알아야 해. 그러니 그들을 아까워 마. 나는 너와 살면 좋겠지만 그럴 수 없어. 그러나 어쨌든 1년에 한 번 올 거야. 왜냐하면 너는 눈이 녹은 물 근처에 있기 때문이지. 너는 갈매기가 우는 소리를 들었지? 그들은 나의 동료 갈매기들이야. 그들은 죽은 물고기나 바다표범을 발견하고 소리치는 거야. 만약 내가 천막집에서 그렇게 울었다면 싫었겠지? 우리, 천막집에 들어가자, 나는 네 뒤에 들어갈게. 너 식사할 거잖아. 나도 네 뒤를 이어 먹을게."

그들은 천막집으로 들어갔다. 갈매기는 전에 앉았던 곳에 앉았지만 전과 같이 인간 같은 모습이 아니었고 마치 두 다리가 걸려 있는 듯했다.

"음식을 해." 이렇게 말하고 갈매기는 코만 흔들었다.

솔다는 솥을 놓고 음식을 끓이고 함께 먹기 시작했다. 그들은 다 먹었다.

"이봐, 난 병이 났어. 음식이 끓을 때까지 한 시간 동안 밖에 나가 있어. 나가. 저기에 앉아 있어. 나중에 내가 너에게 소리칠게." 갈매기가 말했다.

솔다는 나갔고 언덕 어딘가에 앉았다. 갈매기는 천막집 저기 어딘가에서 자기 식대로 소리쳤다. 나중에 그는 잠시 앉아 있다가 갈매기가 소리치는 걸 들었다.

"솔다, 와."

솔다는 천막집으로 가서 문을 열었다. 그녀는 앉아 있던 곳에 앉아 있었다.

그러나 솔다는 보며 생각했다.

'뭔가 내가 앉아 있던 자리가 바뀌었어. 침대가 뒤집혀 있어. 침대 위에 침낭이 놓여 있고 침낭은 사람 없이 텅 비어 있어.'

"그럼, 안녕, 나는 갈게. 나를 기다리지 마. 나는 1년에 한 번만 너를 보러 올 거야. 밤이 되면 너의 자리에서 자. 내가 너와 살지 못해도 너에게 친구가 생길 거야. 난 너의 친구가 될 사람은 말하지 않겠어."

갈매기는 이 말을 하고 돌아서 문 쪽으로 갔다.

"안녕, 갈게. 따라 나오지 마. 천막집에 있어. 살던 대로 살면 돼. 순록들을 어떻게 모으는지 알겠지? 순록 고기는 먹지 말고 새, 바다표범 등을 천막집에서 먹어."

갈매기는 날개를 저으며 문을 열고 나갔다. 솔다는 천막집에서 갈매기가 가며 소리치는 소리를 들었다.

"끼룩, 끼룩."

갈매기는 사라졌다. 밤이 되었다. 솔다는 먹고 자기 자리에 자려고 누우려 했다. 모피 옷, 부츠를 벗고 벌거벗은 채로 침낭 안에 기어 들어갔다. 누우니 갑자기 그의 등을 누군가가 찔렀다. 이 같았다. 솔다는 긁으려 했다. 손을 등 뒤로 넣었다.

"저기 뭐가 있지?"

솔다가 만지니까, 뭔가 알처럼 둥근 것이 만져졌다.

"봐야겠다."

솔다는 침낭 안에서 그쪽으로 몸을 돌렸다. 두 손으로 알을 만져 보았다.

"정말 갈매기가 알을 가지고 왔네. 갈매기가 아까 뭐라고 소리쳤지?"

솔다는 손에 알을 쥐고 잠이 들었다. 아침이 가까워져 잠이 깼다.

"더워서 땀이 나네. 뭐지, 사람이 내 옆에 누워 있잖아."

솔다는 사람을 만지고 가슴에 손을 댔다.

"여자네, 가슴이 커. 좋아, 흔들지 말자. 어제 난 알을 보았는데 지금은 여자가 되었어."

솔다는 다시 다른 쪽으로 돌아누워서 그쪽으로 등을 댔다. 계속 땀이 나서 침낭에서 견딜 수가 없었다. 솔다는 침낭에서 머리를 내밀었다.

"침낭에 뭔가 빛이 나. 구멍이 없는데 어디서 빛이 나지?" 그는 일어나서 부츠를 신고 여자가 누워 있는 쪽을 보았다.

"뭔지? 천막집 안이 뭔가 밝아, 빛나고 있어."

침낭 안에서 얼굴을 밖으로 하고 누워 있는 여자가 빛을 내는 것 같았다. 이 얼굴 때문에 천막집 전체가 밝아졌어. 태양처럼 빛나. 두 번째 신발을 신고 모피 옷을 입었다. 불을 피우려고 했다. 불을 지피고 솥을 끓일 시간이 지나서 그의 침낭이 움직였다. 그녀는 침낭을 치우고 앉았다. 여자는 아주 아름다웠으며 긴 머리카락은 한 갈래로 땋아 늘어뜨렸다. [우리 사람들의 아가씨와 여자들 모두 두 갈래로 머리를 땋는다.] 머리카락은 하얗고 여자도 하얗다.

"난 너무 더워. 잘 잤다. 넌 불을 피우려고 하는 거니?" 여자가 말했다.

그녀는 신발을 신었다. 그녀 옆에 신발이 있었다. 나와 같은 사람 같았다. 갈매기들처럼 독특한 패션을 한 둥근 그런 것이 아니라 사람들이 신는 그런 끈이 달린 신발이었다. 그녀는 침낭을 개켜서 침대에 놓고 청소를 시작했다. 천막집을 깨끗이 청소했다. 문 옆에 세워 둔 솥을 모두 밖으로 던지고 하나의 솥도 남겨 두지 않았다. 검은 고기를 모두 버렸다. 보니, 나의 천막의 내부는 그림 같아졌다. 그런 다음 그녀는 자기 자리에 앉아서 말했다.

"여보, 자리에 앉아요. 난 당신을 위해 일할 거예요. 함께 살아요."

남편은 자기 자리에 앉았다. 그녀는 통에 고기를 놓고 식탁을 어딘가에서 가지고 왔고 그릇도 어딘가에서 가지고 왔다. 그는 이 그릇을 한 번도 본 적이 없었다. 그릇이 든 상자를 가지고 왔다. 그러나 그릇은 다른 것이었다. 갈매기들에게서 그런 그릇은 보지 못했다.

"여보, 같이 먹어요."

그들은 먹기 시작했다. 나중에 여자는 말했다.

"이제 어디든 다녀오세요. 천막집 안에 내내 계시지 마시고요. 곧 봄이 시작될 거예요. 당신에게 순록들이 있잖아요. 순록들을 모아야 해요. 당신은 사냥을 하고 싶죠? 사냥하러 가세요."

솔다는 말했다.

"사냥이 왜 하고 싶지 않겠어. 근데 아무것도 없어. 활도,

도끼도 아무것도 없어. 내가 먹는 칼 하나만 있어."

"여보, 다 먹은 후 밖으로 나갑시다. 무엇으로 사냥하는지 스스로 보고 무엇을 타고 갈지 보세요. 순록들을 모아서 사냥을 가세요. 전 바다표범과 흰고래 고기를 먹지 않았어요. 당신도 먹지 마세요. 만약 나중에 그것을 가끔 얻게 되면 같이 먹어요."

이 대화 후 솔다는 먹고 밖으로 나갔다. 천막집을 돌아보았다. 천막집 뒤편에 썰매가 있었다. 그는 전에 썰매가 있는지 몰랐다. 침대가 썰매 위에 있었다. 그는 썰매에 타고 생각했다.

'갈매기가 친구가 생길 거라고 했는데 정말 그러네. 난 알을 봤는데 이게 갈매기 딸인가 봐. 누구의 딸이든 상관없어.'

그는 썰매에서 일어나 뾰족한 언덕으로 올라갔다. 그 어디에도 순록이 없었다. 더웠다. 3월이 되었다.

"갈매기가 말한 대로 휘파람을 불어야지."

그는 휘파람을 불고 휘파람 때문에 모든 풀이 넘어지는 것을 보았다. 솔다는 자신의 휘파람 소리를 들었다. 온 땅에 울려 퍼졌고 사방에 휘파람 소리가 났다. 해가 중천에 떠올랐고 지기 시작했다. 순록들이 보이지 않았다.

"한 번 더 불어야 하나? 왜 갈매기는 휘파람을 두 번 불어야 하는지 세 번 불어야 하는지 말해 주지 않았지? 갈매기는 나에게 아무것도 말해 주지 않았어. 만약 내가 담배를 피웠다면 파이프의 담배를 다 피웠을 시간이야."

나중에 보니 툰드라 초원 사방에서, 산맥에서 순록 무리가 오고 있었다. 무리가 해를 가릴 정도로 달려오고 있었다.

"보니 온 땅이 순록으로 뒤덮였어. 멈췄지. 보니 온 땅이 흔들렸어. 덥수룩한 털로 옷을 입은 듯 움직였어. 아마도 어딘가에 있었을 텐데 내가 보지 못하고 눈치채지 못했던 거야. 이미 눈이 녹고 있어."

난 얼마 동안 살았는지 몰라. 난 천막집으로 들어갔고 이미 여름이 되었어. 난 자기 자리에 앉았지. 아내는 식탁을 차렸고 나는 먹기 시작했어. 다양한 음식을 내왔지만 바다표범과 흰고래 고기가 아니라 생선이었어. 난 계속 배가 부른 것처럼 조금 먹었어. 먹다가 그만 먹었지. 그러나 나는 전에 나의 아내에게 있는 것을 눈치채지 못했어. 보니 그녀의 모피 옷은 묶여 있지 않았고 아내는 출산을 앞두고 있었어. 오늘 내일 하고 있었지. 아마도 내가 그녀와 오래 살아서 눈치채지 못했던 것 같아.

그렇게 우리는 먹고 사람들처럼 잠자리에 들었지, 난 앞에 그녀는 내 뒤에 누웠어. 침낭에 기어 들어가면서 아내가 속삭였어.

"여보." 그녀가 말했다. 그녀는 솔다라는 이름을 결코 이해하지 못했다. "저에게는 시간이 얼마 없어요. 저는 뭔가 불편해요. 우린 이대로 살겠죠. 저에게는 다른 그 누구도 없어요. 할머니도 없어요. 이 할머니를 어디서 찾죠? 뭘 하시겠어요. 전 아무도 없다는 것을 알고 있어요. 여기 사람들이 있었다고 듣지 못했어요."

잠자리에 들었다. 그렇게 잤고 아내가 나를 깨우기 시작하는 소리를 들었다.

"여보 일어나요. 밖으로 나가 보세요. 순록들이 왔나 보세요. 전 몸이 안 좋아요. 눈을 감으세요."

솔다는 부츠를 신고 모피 옷을 입고 밖으로 나갔다. 나가 보니 아무것도 모르겠고 들리지도 않았다. 이미 저녁이 되었고 해가 어두워졌다. 솔다는 순록에게서 돌아와 천막집 근처 썰매를 탔다. 그러나 천막집 안이 뭔가 조용했고 누구도 그를 부르지 않았다. 그가 잠시 앉아 있자 천막집에서 아내가 나오지 않고 소리 질렀다.

"여보, 천막집으로 들어오세요. 사내아이를 낳았어요. 아들이에요. 기뻐하세요."

그는 천막집으로 들어가 말했다.

"세상에, 만약 내가 죽으면 나의 아들이 내 뒤를 잇겠군."

그가 들어가 보니 정말 아들이 태어났다. 아내는 하얀 달걀처럼 그를 팔에 안았다. 솔다는 자기 자리에 앉았다. 아내는 아이를 팔에 안았고 한 손으로 아이를 붙들고 식탁을 차렸다. 아이는 계속 움직였고 달걀처럼 하얬다. 그들은 식사를 하고 아내는 말했다.

"요람이 필요해요. 요람이 없으면 불편해요."

"만들어 줄게, 잠깐이면 만들어."

썰매에서 도끼를 꺼내 와 자르고 만들기 시작했다. 자르고, 구부리고 판을 대며 만들었다. 둥글고 예쁜 요람을 만들었다.

"마음에 들어?"

"네, 마음에 들어요, 아주 좋아요."

아내는 아이를 요람에 놓고 포대기로 감쌌다. 그러나 아이는 목청껏 울었다. 어머니의 젖을 계속해서 빨았지만 뭔가 부족한 듯했다. 엄마가 입에 젖꼭지를 물리지 않으면 계속해서 울었다.

"여보, 당신 아들에게 무슨 일이 생긴 거죠? 정말 어디가 아픈가?"

"아무것도 몰라. 난 이런 건 몰라. 아마 어디가 아픈 모양이오. 얼굴이 변했어. 빨갛게 되었다가 하얗게 되잖아. 당신은 나보다 먼저 알아차렸을 것 아냐. 왜 전에 부모님이 아픈 아이는 입을 보면 안다고 하잖아. 당신은 나에게 물었지만 난 샤먼도 의사도 아니야."

그녀는 자려고 누웠고 아이는 계속해서 울었다. 그에게 정신을 쏟았지만 아이는 밤새 울었고 숨도 쉬지 못했다. 그녀는 잠도 못자고 아침에 일어나 아이를 안고 흔들면서 불을 지폈다. 아이를 안고 다녔으며 아버지에게 주지 않았다. 그녀는 솥을 가지러 갔고 아이를 아버지 근처에 내려놓았다.

아버지는 그를 보았다. 아이의 두 팔이 감겨 있고 고리 모양으로 끈으로 묶여 있었다. 아이는 팔을 심하게 움직였고 그의 요람이 삐걱거리는 것이 보였다. 아내가 말했다.

"왜 당신은 아이를 팔에 안지 않아요? 안 그러면 아이가 심하게 우는데."

아버지는 각반을 풀려고 살짝 움직였으며 고리, 각반을 모조리 풀자 아이는 요람 안에서 앉을 수 있었다. 아버지가 말했다.

"이런 힘이 어디서 났지? 행복해. 신이 아이를 나에게 줘서 그는 곧 강해졌어. 아이가 장성하면 그의 힘은 어마어마할 거야."

어머니는 고기를 잘라 솥에 넣고 아이를 보았다. 아이는 얌전히 앉아 있었다.

"여보, 아이의 손이 오래전에 풀렸어야 했어. 당신이 아이를 꽉 감아 놓았기 때문에 꼼짝을 못했던 거야."

아이는 앉아서 손으로 눈물을 닦았다. 눈물을 닦는 법은 어디서 안 것일까? 자신의 눈을 닦고 소리쳤다.

"엄마, 차가운 물 주세요."

엄마는 차가운 물을 주고 놀라워했다.

"여보, 이건 좋지 않아요. 우리 아이가 막 태어났는데 금방 힘이 생기다니요. 이것은 뭔가 순수하지 않아요. 아이는 뭔가 달라요. 평범한 인간이 아니고 뭔가 다른 것 같아요. 앉고 싶으면 앉으니까요. 왜 일찍 이야기하지 않았어요?"

"차가운 물을 줘." 아이가 다시 말했다. 어머니는 그에게 차가운 물 한 바가지를 주었다. 아이는 한 바가지를 전부 다 마셨다. 다 마시고 말했다.

"하, 이제 내 속이 차가워졌어. 안 그랬으면 다 타 버렸을 거야."

계속 말을 이었다.

"세상에, 고마워요, 엄마. 물을 주셔서요. 엄마가 저에게 마실 물을 주지 않았다면 전 죽었을 거예요. 제 속에서 열이 많이 났거든요. 이제 속이 편안해졌어요. 안 그랬으면 숨 막혔을 거예요."

어머니는 고기를 끓여서 주었다. 아이는 모든 것을 요청했다.

"엄마, 저에게 모피 옷을 주세요. 모피 옷 어디 있어요? 엄마가 하나 더 지어 주시면 안 돼요?"

"모피 옷이 왜 필요해? 기어서 어디를 가겠단 말이야?"

아버지가 말했다.

"아이에게 어떤 것이든 모피 옷을 줘. 첫 아들인데 왜 아이의 말을 듣지 않는 거요. 달라는 건 다 줘."

그들은 식사를 했고 아이는 모피 옷을 달라고 했다. 아이는 그의 다리에 감싸진 끈을 잘랐다. 매듭은 물지 않고 손으로 잘라 버렸다.

'이런 힘이 어디서 생긴 건지. 손이 정말 작은데.' 아버지가 생각했다.

아이는 요람에서 기어 나왔다. 다리를 뻗더니 큰 아이처럼 침대에 앉았다. 아버지가 보니 아이는 눈에 띄게 성장했고 고기를 많이 먹더니 더욱더 살이 쪘다. 아버지는 생각했다.

'무슨 일이지? 난 한 번도 어제 막 태어난 애가 오늘 요람에서 기어 나왔다는 소리는 들어 본 적이 없어. 이건 어떤 악령인 거야.'

아버지가 그렇게 생각하는 그 순간 아이는 아버지를 보았다. 그들은 먹기 시작했다. 아이는 고기를 입으로 가지고 가지 않고 가슴에서 흡수했다. 다 먹고 그가 흡수하는 것을 멈췄을 때 어머니는 그에게 모피 옷을 지어 주었다. 그의 키에 맞게 꿰맸다. 그런 다음 그는 부츠를 요구했다.

"페 딘타, 페 딘타." 그는 저녁까지 그렇게 소리쳤다.

그들은 자려고 누웠다. 어머니는 그를 묶었고 그는 싫어했다. 아버지가 말했다.

"그를 요람에 뉘어. 아이를 감싸되 끈으로 꽉 묶지는 마. 답답해하잖아."

그들이 그를 요람에 누이고 포대기로 감싸자 밤새 아이는 얌전했다. 아침에 어머니가 일어나서 불을 피웠다. 아이는 침낭에 있었고 자는지 얌전했다. 음식을 끓였고 아버지가 일어났다. 둘은 먹기 시작했다. 아들은 자고 있었다. 어머니가 말했다.

"아이가 잠이 들었군요. 어제 아이는 밤새 잠을 자지 않았어요. 제가 감싼 것 때문에 아이가 답답해했어요. 자게 두면 제가 아이에게 부츠를 만들어 줄 거예요."

어머니는 바느질을 하려고 앉았고 아버지는 밖으로 나갔다. 순록을 모을 시간이 왔다. 가을이 되었다. 언덕 위 그 장소에 서서 휘파람을 불었다. 협곡들을 따라, 땅 위에 휘파람이 울려 퍼졌다. 이 휘파람 소리는 오래, 멀리 울려 퍼졌고 파이프 담배를 피웠다면 한 대를 다 피울 그런 시간이었다. 각 산맥에서 순록들이 나타났고 끝이 보이지 않았다. 시선이 닿는 땅은 순록들로 뒤덮였고 순록들이 오는지 아닌지 알 수 있었다.

그는 천막집으로 가서 썰매에 앉았다. 천막집을 보았다. 문이 열려 있고 어떤 아이가 나왔다. 솔다는 이 아이가 그의 아들이라고 생각하지 못했다.

"저런 키의 소년이 어디서 왔지? 저 소년은 새 모피 옷을 입고 부츠를 신었네. 나에게로 곧장 오네, 망설이지도 않고 말이야. 나에게로 곧장 오고 있어. 와서 나의 썰매를 둘러보고 다른 쪽으로 섰어."

아이는 아버지의 어깨에 손을 올렸다. 자기는 썰매 끄는 사람 자리에 서서 아버지를 바라보았다.

"전 누구예요?" 소년이 말했다. "제 이름이 뭐예요?"

"누구니? 어디서 온 사람이야?"

"절 모르시겠어요?"

"몰라. 난 솔다야, 넌 어디서 왔니? 설마 네가 내 아들이야? 내 아들인 것 같은데."

"맞아요." 소년이 말했다. "아버지 아들이에요. 아버지가 솔다면 저도 솔다네요."

"그렇지, 내 아들도 솔다지. 놀랍구나. 네가 내 아들인 거지? 왜 이렇게 빨리 자란 거지? 설마 항상 그런 건 아니지? 넌 그저께 태어났는데 내가 요람을 만들어 주고 내가 네 아버지인 것은 맞는데."

"아버지가 제 아버지라면 말해 보세요. 전 어디로 가야 하죠? 여기 있지는 않을 거예요. 아버지가 나에게 길을 말씀해 주세요. 전 여기 있지 않을 거예요. 전 아버지 말을 들을 거예요."

"나도 그렇게 생각해, 네 말이 옳아. 너는 내 아들이 아니야. 너는 신일지 모르겠구나. 그저께 태어났는데 오늘 이미 커 버렸으니. 기적인 거지. 네 어머니는 뭐라 말하더냐? 어느 천막촌으로 가라고 하더냐?"

"아니에요, 아버지. 제 아버지가 솔다면 저도 솔다예요. 어머니는 아무 말씀도 하지 않았어요. 전 당신 말을 듣지, 어머니 말을 듣지 않아요. 아버지가 빛을 보니까요. 어머니는 천막집 안에 계세요. 전 어디로 가야 해요, 아버지? 저를 보내고 싶으시죠. 보내세요."

"난 너를 이제 알아봤고 네가 우리와 같이 살기를 원하지 않는다는 것도 알았다. 만약 그렇다면 난 너를 보내겠다. 넌 걸어서 갈 거냐? 순록을 타고 가고 싶으냐?"

"아니요. 전 순록을 타고 가지 않겠어요. 걸어서 가겠어요. 아버지 순록이 많다는 것은 알지만 그것들을 타고 가지는 않을 거예요. 매지도 마세요. 순록에 타지 않을 거예요. 말씀하신 대로 전 그저께 태어났지만 이 순록들을 알아요.

결코 그들을 타고 가서는 안 돼요."

아버지는 장갑을 벗었다. 그는 아들을 잡고 무릎에 앉히고 목을 안았다.

"해가 비치는 곳을 보아라. 넌 해를 향해 가거라. 해가 사라지면 밤을 보내야 한다. 아침에 일어나라. 해가 중천에 올라오면 네 힘이 닿는 대로 걸어라. 해가 질 것이다. 일어나라."

아버지는 그의 양 뺨에 키스를 하고 그에게 길을 보여 주었다. 그를 눈 위에 세우고 다시 길을 보여 주었다.

"이제 해가 바로 중천에 뜰 것이다. 걸어가라. 나는 솔다였고 너는 솔다이다. 가라, 어디든 자신의 솔다 씨족을 찾아라. 그들에게 닿을 때까지 가라. 나는 큰 갈매기에게 한 약속을 어기고 싶지 않다. 큰 갈매기에게 죽을 때까지 순록을 지키겠다고 약속했다. 너는 가서 너의 씨족을 찾아라."

소년은 아버지에게 돌아서서 말했다.

"아버지는 저에게 반나절 만에 길을 보여 주었어요. 해가 지고 뜨는 그 시간에 멈추라고 말했어요. 아버지는 저를 땅 끝으로 보내시는군요. 저는 해를 향해 걸어가겠어요. 해가 올라갈 때도 내려올 때도 해를 향해 갈 거예요. 만약 제가 해를 향해 곧장 간다면 전 어딘가에서 제 씨족을 지나칠 거예요. 전 계속 해를 향해 걸을 거예요. 계속 해를 향해 걷다 보면 갑자기 밤이 찾아오겠죠. 그러면 달을 따라, 별을 따라갈 수 있어요. 그렇지만 해, 달, 별들이 숨어 버리면 어떻게 걸어가죠? 그러면 전 당황해서 여기로 돌아오겠죠. 아마도 밤에는 잠을 자겠지만 해가 보이면 계속 해를 향해 걸을 거예요. 그러면 나의 씨족 솔다를 만나고 살게 될 거예요. 아버지는 영원히 순록을 지키기 위해 여기에 남아 있겠다고 하셨어요. 저는 저의 씨족에 이르면 그들에게 말하겠어요. 아버지가 순록을 모은다고 말하겠어요. 그들은 알게 될 거예요. 아마도 제가 이 지식을 이용하는 일이 생길지도 몰라요."

솔다 노인은 곳에 남아 있었다. 솔다 청년은 걸어갔다. 솔다 아버지를 더 이상 기억하지 마라, 청년만 기억하라.

그는 계속 어디로 가는지 모르게 걸었다. 많은 것을 지나갔다. 계속 걸었다. 모르는 땅까지 걸었고 아무것도 몰랐다. 눈으로 스쳐 지나갔고 드디어 도착했다. 그는 땅을 알아보았다. 나는 얼마나 빨리 걸었는지 모른다. 아마도 1년, 또는 그 이상을 걸었을 것이다. 계속 걷다가 갑자기 앞 산맥 위에 천막, 세 채의 천막이 보였다.

아침이다. 해가 아직 뜨지 않았다. 순록들을 모았다. 솔다 청년이 그들에게 다가갔다. 늘 그렇듯이 천막의 바깥 앞 구석에 남자들이 앉아 있다. 남자 셋이었다. 한 사람은 썰매를 타고 있고 두 사람은 땅에 누워 있었다. 청년은 그들에게로 다가가서 멀지 않은 곳에 앉았다. 그들은 그를 보지 않고 없는 듯 취급했다. 썰매를 타고 있는 사람이 자신의 동료들 쪽을 바라보았다.

"오늘 날이 좋고 화창하네. 해가 막 떠올랐어. 우리에게 뭔가 좋은 일이 있을 것 같아. 너희는 어떻게 생각해? 내일 일어나서 순록을 잡아 숲으로 가자. 저 멀리까지 보일 거야."

그들은 나를 보지 않았고 언급하지도 않았다. 나는 그들에게서 순록 잡는 끈 정도의 거리만큼 떨어져 앉아서 보고 있었는데 그들은 마치 나를 보고 있지 않는 듯했다. 그 남자는 계속 이야기했다.

"내일 셋이서 숲으로 가자, 도끼를 들고 썰매를 몰자. 특별한 전나무 가지를 잘라서 샤이탄 썰매를 만들자. 그러나 썰매는 덮개가 있어야 해. 전나무로 판을 잘라 덮개로 쓰자. 썰매를 크게 만들자."

동료들은 이 사람에게 말했다.

"솔다, 그렇게 빨리 그것을 생각해 낸 거야?"

"생각이 나지 왜 안 나. 나이 든 사람은 온갖 것을 생각해 내지. 나이 든 사람은 때를 알고 있어. 온기, 태양이 높은 거, 날이 좋은 거. 아마도 자면서 무엇이든지 볼 거야."

얼마나 앉아 있었을까. 해가 지고 있었다. 그들은 모피 옷을 벗고 썰매 안 침대 밑에 두었다. 그리고 천막집 안으로 들어갔다. 사람이 그들과 멀지 않은 곳에 있었다는 것을 생각하지 않았다.

'왜 보지 않지?' 솔다가 생각했다. '내가 가려져 있었나? 나쁜 사람들인 것 같군.'

이 사람들은 잠자리에 들었다. 아침에 셋은 모두 일어나 썰매를 매고 떠났다.

나는 앉아 있는 것 같다. 내가 막 도착한 듯하다. 그들이 타고 가기 전에 밤이 지났고 나는 계속 앉아 있었다. 그들이 숲에서 왔다. 특이한 나무를 많이 가지고 왔다. 썰매를 통째로 잘라냈다. 그들은 곧장 나에게로 왔다. 내 주변에 가지고 온 판들을 던졌고 나에게 달려들지 않았다. 뭐지? 그들이 나를 보지 못했나? 뭔가를 변화시켜야 해. 그들이 나를 알아보도록 서야겠어.

일어났다. 일어났지만 그들은 천막집으로 들어갔고 그를 보지도 않았다. 그 사람들은 생각하지 않고 보려고도 하지 않았다.

나는 서서 내 자신을 살펴보았다.

"뭐지? 난 사람이 아니야."

그는 세 갈래로 갈라진 나무처럼 서 있었다. 새 나무처럼 자랐다. 이 나무는 서 있게 내버려두고 이야기를 천막집 안의 사람들에게로 옮겨 가 보자.

그 나이 많은 사람은 천막집 안에 있다. 그는 아내를 보냈다.

"내 동료들을 재촉해. 그들이 식사하고 있나? 오늘 우리가 결정한 것을 해야 해."

이 사람은 밖으로 나갔다. 천막집 주변을 걸었다.

"내 동료들이 어디 있지? 왜 이렇게 오래 밥을 먹어?"

소리쳤다.

"친구들, 어디서 오래 앉아 있는 거야?"

"도끼를 갈고, 칼을 손보자."

그는 자신의 썰매로 다가가 도끼를 들고 샤이탄의 썰매를 만들기 위해 자신의 판자, 활주부, 자신이 가지고 온 모든 것을 던진 곳을 보았다. 보면서 말했다.

"내가 어제 썰매 만드는 것을 서둘렀던 것이 옳아. 가장 깨끗한 신이 우리에게로 왔어. 나무는 밤사이 자랐어."

그 두 사람이 나와서 말했다.

"오, 우리가 도끼를 갈기 오래 전에 솔다가 나왔네."

그들은 대화를 나누며 걸었다. 솔다가 말했다.

"동료들이여, 무슨 일이 일어났는지 봐, 왜 내가 어제 너희에게 말했는지를 말이야."

"보자, 봐. 우리에게 이런 행복이 오다니, 신이여."

이 나무 주위에 앉아서 그들은 썰매를 만들기 시작했다. 그들은 저녁까지 썰매를 끝냈다. 카하(샤이탄)를 놓는 일만 남았다. 이제 솔다 노인이 한 동료에게 말했다.

"너는 순록들을 모아, 멍청한 순록을 한 마리 잡아. 썰매에 피를 바르고 이 순록으로 썰매 안에 겨울 가죽을 깔자."

그 사람은 순록을 모았다. 3년 생 길들여지지 않은 순록을 잡았다. 그 순록을 죽여서 피를 썰매에 발랐고 겨울 가죽을 깔았으며 썰매를 덮었다. 썰매를 덮고 판 하나는 바닥에 남겨 두었다. 솔다는 막대기를 잡고 나무를 건드렸다. 가지들이 신선했다. 솔다가 말했다.

"샤이탄이 되고 싶니? 행운이 우리에게로 왔어. 오늘 우리가 너를 보았어. 너는 우리에게로 오래전에 왔을 테지. 바로 네가 썰매야. 그 안에 순록의 겨울 가죽을 깔았어. 원한다면 들어가도 좋아. 우리는 천막집에 자러 갈 거야. 만약 썰매에 들어간다면 이 판으로 덮어."

그들은 천막집으로 갔다. 전나무는 꼭대기를 흔들며 서 있었다. 아침에 그들이 일어났다. 이 노인은 불 없이 [즉 천막 안에 불을 때기 전에] 천막에서 나와서 보았다.

"맞아. 어제 서 있던 나무가 사라졌어. 없어졌다고."

그는 천막집으로 도로 갔다. 그들은 식사를 했다. 노인이 노파에게 말했다.

"나의 동료들을 불러."

동료들이 왔다. 노인 솔다가 말했다.

"순록을 모아. 이제 우리는 일곱 마리의 순록을 죽여야 해. 정말 샤이탄이 우리 셋에게 왔어. 우리 씨족에게 샤이탄이 온 거야. 우리 솔다 씨족 말이야. 이것은 우리 신이며 우리 씨족의 샤이탄이야. 앞으로 우리는 그를 솔데이 카하라고 부를 거야."

그들은 일곱 순록을 죽여서 겨울 가죽, 뿔과 함께 다리를 구부려서 눈으로 덮었다. 뿔이 보였기 때문이다.

"여자들이여, 천막집을 접고 유목을 떠나자. 새 샤이탄이 우리에게 온 그때부터 이 장소는 나빠졌어. 천막집 터를 바꿔야 해."

여자들은 천막집을 부수고 순록들을 잡아서 갔다. 이 새 샤이탄의 썰매를 끌고 갔다. 노인 자신이 썰매를 끌었지만 유목 행렬이 뒤에 따라왔다. 그들은 가다가 10킬로미터 정도 떨어진 멀지 않은 곳에 멈춰서 장소만 바꿨다. 멈추자 이 노인 솔다가 말했다.

"나는 우리의 새 썰매를 썰매들 앞과 천막집 앞에 놓을 것이다. 썰매를 여기에 놓으면 너희는 아내들에게 썰매 뒤로 돌아가게 하고 썰매 주변에 남성들도 다니지 못하게 하라."

그들은 썰매를 놓고 천막집으로 들어갔으며 솔다 노인은 동료들에게 말했다.

"너희의 샤이탄의 썰매도 그렇게 세워 놓아."

이제 그들은 천막집으로 들어가서 식사를 했다. 그들은 아침에 일어났다. 솔다 노인은 자신의 아내를 보냈다.

"그들을 불러와, 이야기를 나누게. 어디로 갈지 말이야."

그들이 와서 다른 모서리에 앉았다.

"형제들이여, 어디로 갈까?"

한 형제가 말했다.

"이제 어디로 갈 겁니까? 새 썰매를 만들었고 집터도 바꿨으니 여기서 삽시다. 우리의 새 샤이탄이 이제 막 앉았으니까요. 이제 함께 살고 더 이상 그 어디에도 가지 맙시다."

해 설

예네츠인은 현재 예니세이 강 하류에 살고 있는 소수민족이며 부분적으로는 크라스노야르스크 지방 타이미르 민족지구의 아밤 지역에 살고 있다. 2010년 인구조사에 따르면 러시아에 227명이 생존해 있다. 사라질 위기에 있는 소수민족인 예네츠는 자신의 언어와 문화를 지닌 뛰어난 민족이다. 이런 민족이 사라질 위기에 처했다는 사실은 정말 가슴 아플 뿐만 아니라 세계 문화와 역사, 민족의 이동의 기원을 연구하는 측면에서도 상당히 안타까운 일이다. 시베리아 지역은 우리 민족뿐만 아니라 동아시아 여러 민족의 역사를 보유하고 있는 의미 있는 곳이다. 그러므로 사라질 위기의 예네츠 민족의 설화를 번역해서 남기는 작업은 단순히 재미있는 옛날이야기를 전하는 것 외에 그들의 문화를 역사 속에 남기는 중요한 일이기도 하다.

예네츠의 언어와 문화의 특징을 보면 예네츠어는 사모예드 어군에 속하며 현재 네네츠, 느가나산, 셀쿠프 어가 이에 속한다. 문화 역시 네네츠와 느가나산인의 문화에 가깝다. 이 세 민족은 서로 영향을 주고받으며 때로는 적으로, 때로는 동지로 살아왔다. 그러므로 예네츠의 설화에 네네츠인과 느가나산인이 자주 등장한다.

'예네츠'라는 명칭은 유명한 구소련의 언어학자이며 민속학자인 프로코피예프(Г. Н. Прокофьев)가 만든 명칭으로 '네네츠'와 유사하다. 예네츠어에서 파생된 엔네체(эннэчэ)는 '사람, 남자'라는 의미다. 예네츠의 여러 씨족들 간에는 부를 수 있는 공통의 명칭이 없었다. 지금까지 그들은 지역적으로 두 그룹으로 구성되어 있다. 그들 중 한 그룹은 자신을 소마투라고 부르고 문헌상에서는 툰드라 예네츠인[(또는 한타이스키 사모예드인(хантайские самоеды)]으로 알려져 있다. 두 번째 그룹은 자신들을 네-바이[즉 숲의 바이, нэ-бай (т. е. лесные баи)]라고 불렀다. 문헌에서 그들은 숲에 사는 예네츠인으로 알려져 있다. 예네츠인은 전통적으로 순록을 사육했으며 사냥하고 어업에 종사했다.

설화는 단순한 이야기가 아니다. 이 안에는 언어, 문화, 주변 민족과의 관계, 사회법칙, 생활, 정신세계, 전통 등이 녹아 있기 때문에 한 민족을 연구하는 것을 넘어 주변 민족을 연구하는 데 중요한 자료가 된다. 또한 역사에 기록되지 않은 역사적 사실들이 존재하기 때문에 미시적인 역사를 연구하는 데 도움을 준다.

예네츠 설화의 화자는 실제 사건을 체험한 것처럼 서술

하며 과거형을 쓰지 않고 현재형으로 쓰기도 한다. 설화는 기록된 것이 아니다. 화자가 사람들 앞에서 이야기를 들려주는 형식으로 구전되는 것이 설화다. 그러므로 화자는 마치 사건을 본 것처럼 때론 주인공으로 변해서 일인칭으로 이야기를 시작하며 이야기에 긴장감과 사실감을 부여한다. 그럴 경우 청자는 화자의 현장감과 사실감을 동시에 느끼게 되며 이야기에 깊이 빠져들게 된다.

첫 번째 이야기인 '세 샤먼'은 예네츠인들이 어떻게 해서 순록을 사육하게 되었는지 그 기원에 관한 이야기다. 예네츠인의 종교는 샤머니즘이다. 그러므로 설화에 샤먼이 자주 등장한다.

두 번째 이야기인 '일곱 아가씨'는 우리의 설화 '나무꾼과 선녀'와 유사하다. 그러나 예네츠의 이 이야기는 슬프게 끝난다.

'별의 신화'는 방대한 작품으로 예네츠인의 문학적 특성과 언어의 풍부함이 녹아 있으며 예네츠인의 수호자인 듀바-느가(느가나산어로 데이바-느구오)의 발생에 대한 이야기를 담고 있다. 여기에서는 듀바-느가라는 이름보다 느구오쿠(풀)로 나오며 시디네 바다시 느가(Сиды-нэ бадаси нга), 즉 '우리를 키운 신'으로 나온다. 이 신과 함께 예네츠 신화에서 중요한 신들이 등장한다. 대지모신(댜-메뉴오)이 등장한다. 여러 면에서 수수께끼 같지만 북시베리아 민족들 사이에서는 매우 유명한 등장인물 디아(느가나산은 댜이쿠, 네네츠인은 욤부, 숲 예네츠인들은 됴아, 셀쿠프인은 이차, 유카기르인은 테베게이, 돌간인은 오옐로코)다. 예네츠 민속에서는 디아의 적수로 어리석은 식인괴물 시히오가 등장한다.

'솔데이 카하'와 '시오시쿠'도 예네츠의 중요한 신화다. '솔데이 카하'는 예네츠의 씨족 중 하나인 솔다족의 존경받는 우상(카하)의 발생에 대한 이야기다. 특히 이 신화에서는 예네츠 선조들의 토템 신앙을 엿볼 수 있다. 이 신화는 갑자기 현실 세계에서 초현실 세계로 이행하는 서사 방식으로 이루어져 있다는 특징이 있다.

'시오시쿠' 신화는 '별의 신화'처럼 예네츠인의 수호자인 신의 발생에 대해 이야기하고 있다.

예네츠 설화의 유명한 채록자는 돌기흐(Б. О. Долгих)이며 이 책에 수록된 설화는 ≪타이미르 민족의 민속: 예네츠 민속(Фольклор народов Таймыра: Энецкий фольклор)≫(두딘카, 1992)와 ≪예네츠의 신화적 민담과 역사 전설(Мифологические сказки и исторические предания Энцев)≫(나우카, 1961)에서 발췌 번역된 것이다.

옮긴이에 대해

박미령은 현재 한국외국어대학교에서 '그림책' 관련 프로젝트를 수행하고 있으며 역서로는 공동으로 번역 · 출간한 ≪러시아 여성의 눈≫, ≪러시아 추리 작가 10인 단편선≫이 있다. 논문으로는 <지배 이데올로기와 영웅서사시 브일리나>, <Comparative Analysis of Korean Folktale *The wonderful Serpent Bridegroom* and Russian *The Feather of Finist the Falcon* of the Type *Cupid and Psyche*>, <소비에트 제국 이데올로기의 토착화를 위한 아동문학의 역할: 20-30년대 그림책과 포토몽타주를 중심으로> 등이 있다.

시베리아 설화집 전체 작품 목록

한국에 처음 소개되는 시베리아 설화다. 시베리아와 극동 제 민족의 설화를 연구하는 연구자들뿐만 아니라 평소에 시베리아의 신화, 전설, 민담에 관심을 가진 독자들에게 유용할 것이다. 총 43개 부족의 1017편 이야기다.

야쿠트인 이야기

곰과 여우
오리와 검독수리
누가 일출을 처음으로 보는가
수말과 황소
차아차하안 차아차하안
타알 타알 노파
리이바라
니이이 니이이 할멈
춉쵸요쿄욘 춉쵸요쿄욘
다섯 마리 암소를 가진 베이베리케옌 할멈
슬라브니 유데유이옌
자야치 흐보스트
테옐레이 할멈
늑대와 노인
영리한 개
오노고스토온 추오카안과 올로온 돌로온
가난한 농부
암소 세 마리와 아내 셋을 가진 노인 테예프 테예프
영리한 처녀
투툼 튜요케이
고대 용사와 전투에 대한 이야기

예벤키인 이야기

뻐꾸기
백조와 까마귀
멧닭과 백조
곰과 붕어
여우와 모캐
여우 훌랸
은혜 갚은 곰
토끼 자매
식테흐 신겔툰
개가 털옷을 입게 된 사연
자작나무에서 태어난 소녀
지하세계에 간 남자 1
지하세계에 간 남자 2
차르치칸
천상세계에 갔다 온 남자
토끼를 속인 할아버지
소년과 까마귀
백조에게 아들을 빼앗긴 아버지
똥에 빠져 죽은 할아버지 할머니
예벤키 남자와 뱀
치나나이
아카라모와 이불 형제
슬기로운 청년
두 형제
모험을 찾아 떠난 청년
비켈리디운
료하
움나
우차나이
헤누키찬
불화의 언덕
예벤키 사람들이 순록을 키우게 된 이유
세 형제 무사
어린 무사
우냔니와 코렌도
옙카찬
무춘노이와 보르콜툰 형제
식토불
나라불
누르고불
누르가울
초로
소두 소르돈초 솔다니
킬리디나칸
중간세계의 우무스닌댜
차갈라이 차쿨라이
무사 볼론투르
하니 후분과 호호르 보그도
온기닐
우리얀과 몰리나
오란
디긴
어느 노부부의 오만방자한 아들
난쟁이 무사
캅탄디르
만기 됴롬고
유라키 사람들
식인 출루그디
난드리와 털보

월귤나무 열매
모캐 남편과 부인 마리야 공주
러시아 노인의 세 아들
한 꼬마 이야기
힘센 독수리가 네네츠인들에게 해를 돌려준 이야기
야브 말의 모험
야브 말이 거인을 이긴 이야기

에스키모인 이야기

대구와 고래의 논쟁
명예를 갈망하는 까마귀
작은 주민들
까마귀와 늑대
멧새 세 마리
까마귀와 부엉이
까마귀와 청설모
까마귀와 갈매기
물고기, 여우, 까마귀
까마귀 코시클리
까마귀와 여우
새끼 황소와 새끼 여우
교활한 여우
거짓말쟁이 여우
새끼 황소와 늑대
가마우지
큰사슴 아카나
쥐
해를 얻다
작은 딱정벌레 나그네
까마귀와 처녀
사람, 게, 까마귀
두 형제와 까마귀
까마귀가 결혼한 이야기
에멤쿠트
꾀돌이 쿠킬린
사람과 독수리
사냥꾼과 독수리
독수리 집의 소년
사람들은 전에 어떻게 살았는가
카나크와 독수리들
사냥꾼과 백곰
사슴 사육자와 늑대 가족
새끼 늑대
늑대와 물새
노인과 야생 사슴
노파가 동물들을 속인 이야기
다섯 아들
암곰이 훔친 아이
현명한 사슴 두 마리
사슴으로 변한 여자
잔나비와 티나기르긴
키크미라시크
누나그미트의 고래
우카마난
신기한 소고
심술궂은 노인과 쥐
까마귀 은피나
물범 나라에 놀러 갔던 사람
오형제 중 막둥이
바다의 주인
아메크
아이마나나운
바다에서 길을 잃은 사람
날아다니는 샤먼들
막둥이
불의 주인과 소년
다섯 형제와 여자
카약식비크
버림받은 청년
이수클리크
아하하나브라크
고아
두 아내를 가진 사람
우키바크의 질투쟁이와 그 아내
두 번째 아내
사라진 형제들
투명 인간

아이누인 이야기

쥐
세 남자
가자미와 망둥이
눈 남자
치시포
처녀와 악마
산노이페 여자
세 자매
세 남자 1
두 남자
'예쁜 얼굴'이라는 이름의 처녀
곰 축제
다섯 명의 아이누인
부엉이의 결혼
바다사자
달 사람
젊은 까마귀
물범의 섬
흑담비 사냥에서
서로가 닮은 사람들
어느 마을에서
화가 나서 싸웠다
두 자루의 칼

닙흐인 이야기

돌집
은혜 갚은 호랑이
우뭄즈 닙흐
세 형제
식인에게 잡혀갔던 아가씨
저승에 갔다 온 남자
백조 소녀
바다신의 손녀와 결혼한 청년
일곱 자매
용감한 무사와 네 여인
대머리 소년
악마를 이긴 청년
남매
용감한 아즈문

축치인 이야기

코랴크인 이야기

케레크인 이야기

우데게이인 이야기

나나이인 이야기

오로크인 이야기

알류토르인 이야기

오로치인 이야기

이텔멘인 이야기

네기달인 이야기

입찬
까마귀와 매
거북이
늑대로 변한 다섯 여자
인간 창조에 관한 이야기
세 태양
달과 소녀
곰을 낳은 여자
세한에서 있었던 이야기
호랑이와 남자
청년과 골뱅이 아내
탑칼 씨족과 힘구
힘구의 거처
날아가 버린 아이
고아와 개
지하세계 이야기
소그됴콘
개구리와 쥐
푸딘과 개구리
날다람쥐
친데케와 여우
네야브칸과 여우

예벤인 이야기

새와 쥐가 싸운 이야기
욕심 많은 멧닭
떠버리 메추리
바다표범
여우와 늑대
여우와 곰
교활한 담비
담비
여우 이야기
움체긴과 부윤다
두 자매 이야기
촐레레
첸게 이야기
오모촌
곰
움체니와 우인댜
오로치인과 코랴크인의 옛 생활에 관한 이야기
여자 샘
데브리켄 코브리칸
쿠를레니
게으른 소년과 새
달에 반점이 생긴 이유
고아 소녀 이야기
틸켄과 돌단 형제
우메스네와 안차크
현명한 노인
멘레크
한 마리 개
은둔자
고아소녀
잠자는 사람들
귀신 사위
노인의 세 아들
이웃 남자
두 형제 이야기
아내들을 빼앗은 남자
부자와 가난한 사람
욕심 많은 노파
오인데와 하바이
땅이 만들어진 유래
모기와 구더기가 생긴 유래
키로로트 2051

울치인 이야기

켐테르게 용사
용사와 사악한 정령
가난한 노인과 부자 노인
처녀와 거인들
두 처녀
바투리
개구리와 쥐
개구리 아이
청년과 호랑이
소년과 사악한 여우 정령
거지가 왕이 된 이야기
발듀 성씨에 관한 이야기
첸투세
호심부 할아버지

부랴트인 이야기

갈단과 바이르 형제
꾀 많은 부담슈
두 자루
몰론토이 영감
슈렐데헨 아가씨
행운과 불행
구르발다이의 세 현자
후르 연주자
구지르칸
청년 티스헤 비스헤
가난뱅이 도르지
무 몬토
가자르 포올린, 제에델레이의 아들
물귀신 할멈
꾀 많은 청년이 칸이 된 이야기
바보천치
현명한 아내
메르겐 조릭토
장사와 꾀돌이
가난뱅이와 악마
일흔 개의 거짓말
현명한 며느리
부담슈
청년 슈트니크
내가 바로 후르마스타(성인)이다
꾀돌이 발단
붉은 손바닥
어리석은 부자
겨울과 여름
개가 친구 같은 주인을 찾은 이야기
머저리 늑대
뽐내기 잘하는 강아지
눈과 토끼

만시인 이야기

한티인 이야기

투바인 이야기

하카스인 이야기

거만한 샤먼
농부와 사제
결혼이 너무도 하고 싶었던 샤먼
빈농이 부자와 소송한 이야기
아디차흐와 케초흐
'불행'
빈농이 부호의 집에서 악마를 쫓아낸 이야기
호기심 많은 아내
부자와 뱀
마법의 닭
빈농이 부자를 속인 이야기
시어머니와 며느리
크레센

뱁시인 이야기

소녀와 염소
곰과 마샤
지저분한 여자
곰과 여우
제멋대로인 아내
주인 부부와 이웃인 백정
성자 아폴론
물의 정령
의붓딸
착한 소녀 바르베이
남매
황금 소년
신부 나스텐카
청년은 새를 아내로 삼다.
황금 곱슬머리 나스타샤
미녀 아내
부자 형과 가난한 동생
어리석은 사람들 이야기
부정한 아내
반카와 염소
오빠가 여동생의 손을 자르다.
아내가 말했다
엄지 소년
도둑 반카
잠자는 아내
바보 사위
신은 오리페이에게 식사하러 왔다
아내는 남편을 어떻게 속였는가

칼미크인 이야기

착한 오브세
용감한 마잔
연꽃
마법의 돌
받지 못한 보상
변신하는 겔륭과 일꾼
현명한 며느리
고향 이야기
미해결 소송
칸의 왼쪽 눈
어리석은 노인
계절의 변화
현자와 겔륭
겔륭과 동자승
인색한 부자
노부부
수탉과 공작
유쾌한 참새
성질 나쁜 까마귀
만지크 자를리크와 그의 하인
72가지 기이한 일
체첸 칸과 그의 현명한 며느리
케샤
노인 자신은 4분의 1, 턱수염은 4분의 3
용사 샤라다
아랄탄의 아들
두 형제
세 가지 기이한 이야기
팔천 살의 노인 남질 크라스늬 이야기
세 형제
사냥꾼 이예스티르
새와 동물의 말을 알아듣는 청년
왜 올빼미는 콧구멍이 없을까
용감한 사자
모기가 애처롭게 노래하는 이유
마상

알타이인 이야기

알립 마나슈
유스큐제크와 알틴 차치
사리 칸
큰 사슴의 울분 욕심 많은 들꿩
보리 낟알
회색 참새
멋진 다람쥐
무서운 손님
인색한 개구리
박쥐가 밤에만 나는 이유
공작새의 아내
사르탁 파이
오누이
'비단 붓' 토르코 차차크
행복한 리스투
황금 잔
중매쟁이 여우
백가지 지혜
암소와 별
곰 아저씨
녹색의 신 쿠르가미슈
한 마리 양
쿠얀
곰 아유
황금 새 알틴 쿠츠카슈
질 켈
해와 달이 인간을 구한 이야기
일곱 형제
용사 바부르간이 산이 된 이야기
텔레츠코예 호수에 관한 전설
텔레츠코예 호수가 '황금 호수'로 불리게 된 이야기
쥐와 낙타
미식가 사향고양이

짐승 마아니의 아이들
오래된 옛날이야기

텔렌기트인 이야기

비야 강과 카툰 강
카투 야리크(무서운 장소)
알미스-암염소
알미스에게서 태어난 아기
아부움 포오옴(아버지 어머니)
낙타 이름으로 불리는 골짜기
푸른 황소
사냥꾼과 알미스
곰
소를 훔친 도둑과 호랑이

첼칸인 이야기

황금 도끼
고아
키셀레크와 파를라나크
탁 툭 지팡이
토끼와 담비
바보 청년
텔베엔이 하늘로 올라간 이야기
황금 등자
날다람쥐
콜로복
세 아들
황금 수탉
고아 청년과 다람쥐
고양이
할아버지와 부자
자작나무 그릇

쿠만딘인 이야기

사냥꾼의 전설 1
사냥꾼의 전설 2
사냥꾼의 전설 3
사냥꾼의 전설 4
오온 강과 쿠그 강
개와 고양이
킬리슈 칸
델베겐
툰구스
할아버지와 고양이
엄마와 딸
델베겐과 마시파라크
부자가 된 쿠지마
자신을 모르는 너구리
바보 이반
마시파라크
카라 몬기스
아이 코크 처녀
뱀과 노인
세 아들
세 형제

투발라르인 이야기

알틴 콜과 알틴 투우(황금 호수와 황금 산)
카라티 칸
노인과 노파
반카와 그리시카
세 형제
오스큐스 오올로크
아크 표스 쿠우르친
오스큐스 우울
꾀 많은 여우
농부 파시파라크

나가이바크인 이야기

고양이가 식사 후 몸을 닦게 된 사연
아즈라킬의 장난
어느 집시 여인의 예언

바시키르인 이야기

에렌세 세센 이야기
투라칸, 야네바칸 그리고 에렌세 세센
하탐타이

쇼르인 이야기

안치 아비시카와 카라 몰라트
지주와 사냥꾼
사랑이 깊은 쿠
마법 모자
탐욕스런 농부
학과 까마귀
젊은 사냥꾼과 표범
프카
철의 산 테미르 타우
차기스

코미인 이야기

야즈바 강 이야기
수지야 강 신화
이오마와 두 명의 아가씨
무사 페라
다리가 여덟인 개
페라는 어디로 갔을까?
루피예 강에 사는 페라와 미자
페라와 자란
사냥꾼 예파를
가르친 여우

텔레우트인 이야기

알타이 쿠우추니 이야기
케르 사갈 가의 형제

예네츠인 이야기

작자 미상
옮긴이 박미령
펴낸이 박영률

초판 1쇄 펴낸날 2017년 2월 25일

지식을만드는지식
03991 서울시 마포구 월드컵북로 46 청원빌딩 3층
전화 (02) 7474 001, 팩스 (02) 736 5047
출판등록 2007년 8월 17일 제313-2007-000166호
전자우편 zmanz@eeel.net 홈페이지 www.zmanz.kr

ZMANZ
3F. Chungwon Bldg., 46, World Cup buk-ro,
Mapo-gu, Seoul 03991, Korea
phone 82 2 7474 001, fax 82 2 736 5047
e-mail zmanz@eeel.net homepage www.zmanz.kr

ISBN 979-11-304-2709-6
979-11-304-2710-2(큰글씨책)
979-11-304-2711-9(PDF전자책)
책값은 뒤표지에 있습니다.